MISSILE FORCE

走近主力兵系列

长空利剑

导弹兵

北京大陆桥文化传媒◎编译

重庆出版集团 重庆出版社

图书在版编目（CIP）数据

长空利剑——导弹兵/北京大陆桥文化传媒编译.—重庆：
重庆出版社，2008.6
（走近主力兵系列）
ISBN 978-7-5366-9680-8

Ⅰ.导… Ⅱ.北… Ⅲ.战略导弹部队–简介–世界 Ⅳ.E155

中国版本图书馆CIP数据核字（2008）第058637号

长空利剑——导弹兵
CHANGKONGLIJIAN ——DAODANBING
北京大陆桥文化传媒 编译

出　版　人：罗小卫
责任编辑：饶　亚　罗　乐
责任校对：何建云
撰　　稿：陈家强　王盛明
装帧设计：传奇设计工作室·张燕萍

重庆出版集团
重庆出版社 出版

重庆长江二路205号　　邮政编码：400016　　http://www.cqph.com
北京大陆桥时代出版物有限公司制作
重庆华林印务有限公司印刷
重庆出版集团图书发行有限公司发行
E-MAIL：fxchu@cqph.com　　邮购电话：023-68809452
全国新华书店经销

开本：787mm×1092mm　　1/16　　印张：13.5　　字数：239千
2008年6月第1版　　2008年6月第1次印刷
ISBN 978-7-5366-9680-8
定价：36.00元

如有印装质量问题，请向本集团图书发行有限公司调换：023-68809955转8005

前言

　　导弹是"导向性飞弹"的简称，它是一种依靠制导系统来控制飞行轨迹的，可以指定攻击目标，甚至追踪目标动向的火箭或无人驾驶飞机式的现代武器，导弹任务是把炸药弹头或核弹头送到打击目标附近引爆，并摧毁目标。导弹依靠自身动力装置推进，由制导系统导引、控制其飞行路线，并导向目标的武器。它诞生于第二次世界大战末期战火纷飞的年代里。从那时起，它就成为了军事家们的宠儿，越来越多的高科技融入其中，使得导弹成为了现代社会各国军事力量中高精尖的代表，被广泛地应用于现代战争中。

　　导弹具有射程远、威力大、精度高、打击范围广的特点。有的射程达几万千米，是一个庞然大物，有的轻巧灵便，单兵就可以随身携行。导弹是一种新型的综合性武器，它已成为现代战争使用的主要兵器之一，导弹战已是现代战争的非常重要的作战样式。可以说，自从有了导弹，战场便有了划时代的全新面貌。第二次世界大战后仅十多年时间，经历了千百年的兵坑间的线性对决，便悄然退出战争舞台，精确打击、"点穴式"打击、非接触打击，以及战区外超视距攻击，导弹武器演绎出了一次又一次的战场神话，战场的时空概念也逐渐趋于模糊。

　　操作这些导弹的导弹兵们，更是成为了新时代诸军种中非常璀璨的明星。导弹兵以装备的导弹武器系统遂行作战任务的不同，可区分为战略导弹兵和战术导弹兵。有核武器的国家通常同时有核导弹兵和常规导弹兵。由于各国的政治、经济、军事、科技各不相同，其导弹兵的性质、类型、编制、规模和所担负的任务各不相同。

在第二次世界大战以来的历次局部战争中，导弹兵在战场上可谓出尽风头，发挥了无法替代的作用。在英阿马岛之战的导弹兵大会战中，阿根廷导弹兵的小"飞鱼"吃掉了"谢菲尔德号"军舰；在空袭利比亚的作战行动中，美国导弹兵使用"哈姆"导弹瘫痪了利比亚的防空系统；在两伊战争中，伊拉克导弹兵用65发"蚕式"反舰导弹重创60艘伊朗舰船，使之名振世界。在海湾战争中的"爱国者"大战"飞毛腿"，更是充分显示了导弹兵的神奇威力。海湾战争中，美军驻海湾总指挥施瓦茨科普夫曾要求战争开始时首先向巴格达发射一枚导弹，而且最终也是选定舰射远程常规"战斧"巡航导弹作为首次打击武器，并且相继发射近300枚"战斧"导弹，对伊拉克的总统府、国防部、通信大楼、导弹基地等60多个战略目标实施了毁灭性打击，为多国部队飞机和实施大规模的空袭作战扫清了道路，为美国对伊拉克的空袭立了头功，为多国部队对伊实施大纵深突击开了先锋。

第二次世界大战至今，在短短的几十年时间里，随着先进制导技术的飞速发展，导弹武器的性能得到了快速提高。另一方面，随着科学技术的发展，一些战争威胁很大的战略目标往往部署了很强的防空体系，这对飞机实施远程奔袭带来了很大困难，导弹成为了攻击这些目标的首选武器。

作为远程火力，导弹的自动寻的、精确制导、远程打击以及巨大的杀伤破坏效能，使其成为现代战争的"宠儿"，陆战、海战、空战的"主攻手"。导弹战也成为现代战争中一种重要的作战样式，导弹突袭逐步成为首开战局，实施纵深打击的有效武器。

导弹具有精度高、射程远、威力大等特点，以导弹作为首战火力武器，既能先声夺人，出其不易地打击对方战略目标，起到敲山震虎的威慑和制约作用，以实现"不战而屈人之兵"的最高境界，也可以通过发挥导弹巨大的实战效能，重创敌方的重要军事、政治和经济目标，对战争进程和结局产生重要影响。可以预见，随着远战意识的增强和战役战术纵深以至战略纵深越来越成为决定胜负的关键地域，导弹将会取代枪炮成为战争中的主要武器，未来高技术局部战争，神勇的导弹兵和他们控制的导弹，必定成为战场上的最为重要的主角。

回顾导弹战的历程，人们可以更分明地看清军事技术发展的辉煌，也可以更深刻地了解人类曾经的苦难和创伤。探索导弹战的特点和规律，对于赢得未来战争、争取和平无疑具有着非常重要的现实意义。

目录

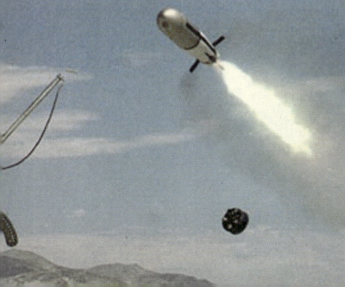

第一章

导弹兵时代的到来

在导弹的发展历史上，德国是世界上首先装备和使用导弹武器的国家，也是现代各类实用型导弹技术的最早发源地。

1942年底，德国部队在东线苏联军队强大的进攻态势下节节败退。同时，美国、英国的航空兵不失时机地对德国本土展开大规模进攻。希特勒焦头烂额，身心疲惫，前线更是顾此失彼，士气一蹶不振。不过这时的希特勒还没有绝望，他把最后的赌注压在一种正在加速研制的神秘武器上。

纳粹德国的神秘武器

　　二战后期，随着伦敦南部响起惊天动地的爆炸声，导弹这个神秘武器登上了战争舞台。

　　1944年6月14日凌晨两点，夜幕笼罩下的英国首都伦敦一片寂静。突然，一阵空袭警报声把居民们从梦中惊醒。夜空突然闪现出一个个小亮点，向着伦敦市区急速俯冲过来，发着怪声砸向地面，接着是惊天动地的爆炸声。瞬间，火光冲天，房倒屋塌，凄厉的空袭警报声、沉闷的爆炸声，受到惊吓的市民的喊叫声，打破了寂静的夜空，整个城市纷纷攘攘，乱作一团。人们被眼前的景象惊呆了。神秘的来袭物就是纳粹德国刚刚研制成功的"秘密武器"——"V—1"型巡航导弹。

　　"V—1"型导弹是人类历史上真正意义的导弹，"V"是德文"复仇"的第一个字母，面对战场态势步步失利和部队军心开始

◎希特勒的神秘武器

动摇的局面，希特勒试图依仗这种"神秘武器"挽回败局，重振军队士气，这是希特勒最后的救命稻草，他把希望寄托在这种新式武器上，试图通过实施大规模杀伤，首先摧毁英国的抵抗意志，使之迅速屈服，从而摆脱两线作战的被动态势，进而来改变其行将灭亡的命运。在人类战争的历史上，这是导弹首次用于实战，由此拉开了导弹战的序幕。

两天后，德国部队从法国占领区又接连发射了300多枚导弹。并在以后的三个月里对英国伦敦和其他城市进行了有计划的导弹打击，共发射V—1导弹约10500枚。其中惠灵顿军营被导弹击中死亡121人，英国空军总部大楼被导弹击中后，炸死198人，不少房屋和设施毁于一旦。德国导弹的不断袭击，使英国各大城市遭受到严重破坏，伦敦市区数万幢房屋被炸毁，2万多人死伤，并搅得人心惶惶。人们担心"神秘武器"有一天或许会降临到自己的头上，于是纷纷从市区迁往郊外，仅伦敦就有145万居民迁出城区，人们的生活和社会生产受到严重影响。

继V—1导弹用于战场之后，德国为提高射程和精度，加紧研制和

◎纳粹德国加紧研制被后来称为导弹的神秘武器

◎伦敦市区遭德空军轰炸后的情景

完善导弹系统，迅速研制出了系列导弹V—2型，并立即投入战场应用。从第一枚导弹在伦敦爆炸，到1945年3月末，短短10个多月里，德国加速生产出性能不断完善的导弹武器，并迅速投入战场使用，一共发射了15000枚V—1型号导弹和3000枚V—2型号导弹，造成60000多人死伤。受到导弹突击的城市，除英国的伦敦、安特卫普港等城市之外，比利时的列日和布鲁塞尔也都受到了不同程度的导弹袭击破坏。

但无论如何，穷途末路的希特勒想依靠导弹扭转败局的幻想，终究没能实现。因为，邪恶终究不会战胜正义！不仅如此，单从导弹武器的技术上讲，当时的导弹武器由于处于研究的起始阶段，生产出来的导弹，不论是V—1型号巡航导弹还是V—2型号弹道导弹，它们技术含量十分有限，与现代战争特别是发生在20世纪末和21世纪初的近几场局部战争中导弹武器的性能远不能同日而语。

由于导弹武器是希特勒处于败局已定的情况下，仓促研制和使用的应急武器装备，一方面，慌忙投入作战的导弹，其作战性能本身大多存在质量问题，据战后统计数字表明，发射的导弹有五分之一以上要么发射不成功，要么中途失事，或者根本就没有命中目标。在纳粹德国部队向英国发射的10500枚V—1型号导弹中，真正落在英国本土的只有3200枚，其中只有2500枚落在伦敦，仅占发射总数的30％。更有甚者，有一枚V—1型号导弹因制导系统失灵，戏剧般地掉过头来直奔柏林，竟在希特勒的防空指挥部上空爆炸，着实让希特勒自己对导弹也心存余悸。另一方面，当时刚刚研制投入使用的导弹武器，它们的飞行速度和飞行高度相对比较低。比如V—1型号巡航导弹，它的外形与常规飞机比较相似，具有两个大大的主翼和尾翼来平衡导弹飞行姿态，可以携带850公斤的高性能炸药，射程可以达到370千米，但它的巡航速度低，不过每小时500千米，巡航高度

◎德国V—2导弹发射

也不过700多米。受
当时技术上的限制，
V—1型巡航导弹燃料
发动机工作时发出刺
耳的声响，导弹尾部
喷射的火焰，也发出
很强的光亮。所有这
些因素，使得这种导

德国V—1巡航导弹袭击伦敦时的情景

弹本身很容易暴露。英国很快研究掌握了对付V—1型巡航导弹的应急手段，也就是使
用战斗机在空中截击撞毁导弹，或利用地面炮火密集打击摧毁导弹于空中来保护地面
目标免受打击破坏。

　　尽管V—1型号巡航导弹和V—2型号弹道导弹的战场运用，并没有从根本上影响

◎前苏联在博物馆供游人参观的德制V—2导弹

对抗双方的力量对比变化，甚至可以说，并没有从根本上改变战场军事对抗的形态和作战样式和作战形式。但是，从纯军事的角度来认识导弹的产生和战场运用，V—1型号和V—2型号导弹起到了其他任何武器都无法比拟的心理威慑作用，给部队和居民甚至于整个社会带来了巨大的精神恐惧。导弹武器与常规火力相比，射程远、威力大、自寻的、自推进的特性，展现了新式导弹武器巨大的作战能量和作战潜力，标志着武器系统正在发生着革命性的变革和突破。

导弹武器的闪亮登场，开创了兵器史上的新纪元，也预示着一种新型兵种——导弹兵从此诞生。

知识链接：

V—1和V—2两种导弹最早诞生于1942年并迅速应用于对英国伦敦的轰炸。V—1导弹是世界上第一种巡航导弹，外形像小飞机，以脉冲式空气发动机为动力，可以装700千克普通炸药。总重量2200千克，弹长7.6米，最大直径0.82米，巡航速度550～600千米/时，射程370千米，巡航高度2000米。V—1导弹没有现代意义上的制导与控制，只能对飞行高度、状态及弹道进行控制，因此命中率很低。V—2导弹是世界上第一枚弹道导弹，装有专门控制设备，能自动控制飞行速度和弹道。采用液体发动机，总重量13000千克，弹长14米，最大直径1.65米，最大速度5400千米/小时，射程480千米。V—2导弹还是战后美国研制第一代弹道导弹的样弹，也是对战后导弹发展影响最大的一种型号导弹。

各国竞相发展导弹兵

　　导弹武器的出现震惊了世界，各国都极力希望尽快掌握导弹技术，提高本国军队的作战能力。核武器出现后，作为运载工具，各国导弹得到了更快的发展。

　　纳粹德国对导弹武器的急切应用，恰恰是其垂死挣扎的信号，抗击法西斯的战争胜利已成定局。所以，以美国、苏联为主的对抗希特勒的作战大国，并没有把主要精力用于研制对抗导弹武器的"盾"上，而是暗中展开了争夺导弹专家的角逐中。随着纳粹德国军队土崩瓦解，第二次世界大战终告结束。美国和苏联都从不同渠道缴获了大量德国研制导弹的资料、实验设备及部分科研样弹，并用各种手段争取了相当数量的导弹专家为本国的导弹研究服务。

◎被美国运回本土的德制Ｖ—2导弹

◎被美军俘获的德国导弹开拓者布劳恩

领先一步的美国导弹兵

1945年初，美军"阿尔索斯"谍报突击队在一次军事行动中俘获了德国导弹武器研究的一名重要人物——维尔纳·冯·布劳恩（1912—1977年）。布劳恩于1932年毕业于柏林理工学院，后受聘于德国陆军军械部，开始从事火箭研究，担任导弹武器研究机构的第一任研究所所长，是德国导弹研制的开拓者。与之一同被俘获的还有130名导弹高级设计和研究人员。美国人暗自庆幸，驻欧美军司令部迅速派出专机将他们护送去美国，并分别安置在德克萨斯州的福特布里斯导弹研究小组和新墨西哥州白沙导弹试验场。

美军攻占德国诺德豪森的导弹地下生产工厂后，立即将导弹的图纸资料、各种设备等装了300节车皮，将V—2导弹的部件等装了13艘"解放"号轮船，将它们"干净彻底"地运回了美国。德国近千名导弹专家们在美国得到了出乎意料的友好对待，并热心为美国导弹的研制出力。很快，这批德国导弹专家就为美国设计了各种型号的导弹武器。

仅仅数月之后，1945年7月16日，美国在墨西哥州成功爆炸了第一枚原子弹，1945年9月，美国又在新墨西哥州的白沙导弹试验场，试射了第一枚代号为"下士"

◎前苏联飞毛腿A地对地战术导弹
◎前苏联飞毛腿B地对地战术导弹

的地地导弹。美国导弹部队的产生时机已经成熟，它诞生在空军编制并得到迅猛发展。1945年3月，美国成立了战略空军司令部；1949年，美国"曲棍球"导弹试验成功并装备部队；1951年8月，"诚实约翰"试验成功并迅速装备部队；1958年到1959年，美国又先后装备了"雷神"、"丘比特"中程弹道导弹和"宇宙神"洲际弹道导弹。至此，美国形成了近、中和洲际导弹射程衔接的导弹部队。

苏联迅速行动不甘示弱

　　1945年5月5日，苏联第二白俄罗斯方面军攻占了佩内明德。佩内明德当时有6000余名从事导弹研制的工程师、设计师、科学家和工程技术人员，苏联军队将所有的导弹研制人员，连同他们的20000多名家人一同安全地护送到苏联，这为苏联很快地掌

◎中国东风—21导弹

握了导弹技术创造了条件。1946年底，苏联在伏尔加河下游的卡普斯金亚尔镇东北的半沙漠区内修建了洲际导弹试验基地，紧锣密鼓地展开了导弹武器的研制工作。仅仅两年过后的1948年，苏联代号为P—1的弹道导弹试验发射成功，P—1导弹就是西方称之为"飞毛腿"并在多次战争中大显身手的SS—1A导弹。

　　导弹武器在未来战场上的重要地位是不言而喻的，而且，导弹将是核力量投送的最好方式。所以，苏联在加紧研制核武器的同时，把建立新型导弹兵作为赢得未来战场的战略举措。经过十多年的研制和发展，到20世纪50年代末期，苏联已拥有SS—1到SS—6成系列的近、中、远程等射程衔接的导弹武器，作为一个独立的军种——导弹兵成立的时机已渐趋成熟。1960年1月14日，苏联组建了世界上第一个以导弹武器为主体火力的独立军种——战略火箭军。苏联军队总司令不无骄傲地宣称，这支部队势不可当，它装备的导弹可以打到地球上的任何地点。

中国的导弹兵

中国是世界上最早发明火箭的国家。早在南宋时期，中国人就用火药制成了世界上第一支军用火箭。早期的火箭由于飞行无法控制和所使用的火药性能低等原因，在很长时期内火箭技术发展缓慢。

上个世纪新中国成立后，我军非常重视对导弹兵的建设，并取得了飞速进展。中国的导弹兵由地地战略核导弹部队、战役战术常规导弹部队及相应保障部（分）队组成。战略核导弹部队是一支具有一定规模和实战能力的主要核反击作战力量。战略核导弹部队装备地地战略核导弹武器系统，主要任务是遏制敌人对中国使用核武器，并在敌人对中国

◎中国人民解放军常规导弹发射

发动核袭击时，独立或联合其他军种的战略核部队对敌人实施有效自卫反击。战役战术常规导弹部队装备常规战役战术导弹武器系统，遂行常规导弹火力突击任务。

中国导弹研制工作是在20世纪50年代开始的。其中中国人民解放军地地战略导弹部队是导弹力量的主体力量，随着中国导弹事业和核力量的发展不断成熟和壮大。中国的战略导弹是核力量的重要组成部分，中国战略导弹兵肩负抗击强敌核讹诈、核突袭和实施反核威慑以及组织核反击的神圣使命。中国在拥有核武器的第一天就公开宣

◎俄罗斯先进的C-300防空导弹

布：在任何时候，任何情况下都不首先使用核武器，不对无核武器国家使用或威胁使用核武器。

为了建设适应现代局部战争需要的现代化的国防，中国的地地常规导弹已有了很快的发展，各种射程系列基本配套，命中精度达到世界先进水平。携带整体式或子母式战斗部，用于攻击敌人纵深地区的重要军事、政治和经济战略目标。一枚命中精度

◎中国人民解放军防空导弹发射

高的常规导弹，可以取得若干架次飞机对同一目标的攻击效果。

在党中央、中央军委的直接领导下，于1964年6月29日成功地发射了第一枚近程战略导弹，1964年10月16日，中国第一颗原子弹在罗布泊爆炸成功。随后又成功地进行了首次导弹核武器发射试验。1966年7月1日，中国战略导弹部队领导机关宣告成立，命名为第二炮兵。1966年12月26日成功发射了中程战略导弹。

1970年1月30日成功地试验发射了远程战略导弹，20世纪70年代中期，中国战略导弹部队组织了规模宏大的导弹团远距离机动作战实弹发射演习。1980年5月18日向东太平洋成功发射了洲际战略导弹。1984年10月1日，中国战略导弹部队第一次公开接受检阅。目前，除作为一个独立的兵种——第二炮兵部队装备有战略导弹和战役战术导弹之外，中国人民解放军还装备有空空导弹、空地导弹、地空导弹、岸舰导弹、舰舰导弹、潜地导弹、反潜导弹和反坦克导弹等，标志着中国导弹兵已具有海陆空全方位的导弹对抗作战能力。

经过40多年的发展，中国战略导弹部队武器装备初步形成固体与液体并存，核导弹与常规导弹兼有，近程、中程、远程和洲际导弹齐备的武器系列。在多次参加战役演习、实弹发射等重大任务中，均取得优异成绩。

导弹兵与导弹武器迅猛发展

◎朝鲜"飞毛腿"导弹

在导弹武器发展的起始阶段，由于受科学技术水平的制约，50年代之前，掌握导弹武器生产技术的，主要是美国、苏联、英国几个军事大国。这一时期，主要大国把导弹的研制发展作为军事发展的首要任务，展开明争暗斗的竞争，战略导弹和高空防空导弹迅速出现，并扩展到对付日益增多的装甲目标而研制的有线指令制导的反坦克导弹。

随着科学技术的发展和其在军事领域内的广泛应用，到了60年代，导弹武器逐步揭开其神秘的面纱，世界上许多国家开始研制生产或购买尖端武器，而且开始在一些局部战争中广泛运用。50年代，法国导弹部队主要装备的是美制导弹，60年代初，法国总统戴高乐参观了苏联的战略导弹发射，受到腾空而起的导弹发射场面的强大震撼，决心掌握导弹武器技术。从此，

◎2006年11月16日，巴基斯坦成功试射"哈特夫—5"型近程弹道导弹

◎2004年12月，巴基斯坦成功试射"沙欣1"型中程弹道导弹

法国导弹部队得到重视和快速发展。"冥王星"导弹作为法国自行研制的第一种战术

地地导弹也应运而生。法国导弹的使用权属于国家最高当局，必须由总统亲自下令才能发射。

进入70年代，导弹已如雨后春笋般地林立在现代兵器库之中，相继出现了潜射导弹和反舰导弹，发展了中、低空防空导弹和车载、机载反坦克导弹。英国是一个早期拥有导弹的国家，早期主要依靠进口美国的导弹武器，1971年成立了自己独立的导弹部队，开始拥有自己的导弹武器系统。

到了80年代，导弹武器技术已有了较大发展，很多国家在拥有武器的基础上开始组建自己的导弹部队。

朝鲜从70年代开始装备苏联的"飞毛腿"导弹，80年代初开始仿制和独立制造弹道导弹，1984年研制出了飞毛腿A，1985年又研制出来飞毛腿B，并于同年建立了自己的第一支导弹部队，编制为一个导弹营。1988年又组建了一个导弹团，装备有飞毛腿B型导弹，随后，朝鲜不断加快导弹的研制步伐，先后研制了飞毛腿C、飞毛腿D，导弹性能不断得到提升，并于1993年将团级编制升为旅级编制。

巴基斯坦导弹部队正式成立是在80年代末。巴基斯坦导弹部队的发展与核武器的发

◎2007年2月23日，巴基斯坦成功试射"沙欣—2"型远程地对地弹道导弹

◎2007年3月22日巴基斯坦成功试射一枚巡航导弹

◎印度自行研制的"大地"海军型战术导弹

展同步进行，其发展历史可以追溯到1961年，但由于国力较弱，加上国际社会的压力，巴基斯坦导弹部队的发展比较缓慢。受印度核导弹部队发展的影响，巴基斯坦于上个世纪90年代展开了与印度核力量的发展竞赛，并最终拥有了核力量。2004年12月8日上午，巴基斯坦试射了一枚自行研制并可携带核弹头的"沙欣—1"地地近程弹道导弹，射程为750千米。2006年11月16日，巴基斯坦军方试射了一枚可携带核弹头的"哈特夫—5"型中程弹道导弹，"哈特夫—5"型导弹由巴基斯坦自行研制，最大射程约1500千米。2007年2月23日，巴基斯坦又试射一枚代号"沙欣—2"型，可携带核弹头的远程地对地弹道导弹，该型号导弹是目前巴基斯坦射程最远的导弹，射程可达到2500千米。2007年3月22日巴基斯坦成功试射一枚代号"哈特夫—7"型巡航导弹，该型号巡航导弹可以携带核弹头和常规弹头，射程为700千米，能有效躲避雷达探测，命中精度非常高。

印巴两国不停的、你追我赶的军事较量或军事"炫耀"促进了两国核武器与导弹部队的发展。目前，巴基斯坦导弹兵已经成为一支具有一定核作战能力的导弹部队。装备有战术地地导弹"哈特夫—1"、"哈特夫—1A"、"哈特夫—2"、"哈特夫—3"、"沙欣—1"、"高里"等，反坦克导弹主要有"陶"式和"绿箭"，地空导弹主要有"毒刺"、"红眼睛"、RBS—70、AnzaMk—1／—2、LY—60N，反舰导弹主要有SM—39"飞鱼"、AM—39"飞鱼"、"捕鲸叉"、"海鹰"2、C—802，空地导弹主要有AGM—65"小牛"，空空导弹主要有AIM—7"麻雀"、AIM—9L／P"响尾蛇"、R—530"魔术"，反辐射导弹有AGM—88"哈姆"。

◎印度"布拉莫斯"反舰巡航导弹

印度的导弹兵运筹于20世纪80年代初，作为一个独立的导弹兵兵种成立于90年代初期，90年代印度核导弹武器得到全面迅速的发展。在这之前，印度导弹主要来源于英、法、苏，装备在陆、海、空各军种中，可以由不同的作战平台实施导弹发射。20世纪80年代后，印度的导弹武器开始向国产发展，20世纪90年代是印度全面发展核导弹武器的时期。印度目前已装备部署包括地地导弹、地空、空空、舰载、空对地、反坦克6大类约60多种导弹。

"大地" 近程地对地弹道导弹是印度1983年开始研制的第一种型号，又称"普里特维" 型。1988年2月25日首次试射"大地—1"型导弹，射程150千米，1994年开始大量生产"大地—1"型导弹，1997年形成作战部署和战斗力。到2003年，印度陆军已拥有两个"大地—1"导弹团。1997年2月23日SS—250空军型试射成功。2001年12月12日成功试射了射程250千米的"大地—2"短程弹道导弹。

1989年5月，印度首次成功试射了"烈火"中程导弹，到1999年的十年间印度又多次进行了该型号的导弹试射。2002年1月25日，首次试射了射程为700千米的"烈火—1"（又名"阿格尼"）弹道导弹，并于2004年部署。2007年4月12日，成功试射了"烈火—3"导弹，其射程可达3500千米。

印度目前装备部署的地空导弹主要有萨姆—2、萨姆—3、萨姆—12、萨姆—18和法制"罗兰特"等，以及自行研制的"三叉戟"和"天空"地对空导弹；空对空导弹主要有前苏制K—13（第一代），P—23/24（第二代），P—60、P—33、P—27P/T、P—73（均为第三代）和美制AIM—9L"响尾蛇"、法制R550、超级530（均为第三代）等10多种型号；空对地导弹主要有"布拉莫斯"型号的巡航导弹。

随着局部战争和地区冲突不断增多，各个国家清醒地认识到，要保障国家安全，就必须建立一支精干有效的导弹兵部队。截止到本世纪初，世界上已有30个国家和地区能自行研制导弹，装备导弹的国家和地区已有

◎印度自行研制的烈火II型弹道导弹

100多个，其中50多个国家的军队装备了地地弹道导弹。导弹也已发展成为拥有600多种型号的系列武器，仅巡航导弹就有130种类型。导弹按作战任务区分，可分为战略、战役、战术导弹；按飞行方式区分，可分为弹道和巡航导弹；按射程区分，可分为近程、中程、中远程、远程和洲际导弹；按发射点和目标位置可分为地对地、地对空、空对地和空对空导弹；按作战对象可分为反舰、反潜、反飞机、反坦克、反雷达、反卫星及反导弹导弹等；按推进剂类型可分为液体、固体和固液体混合推进剂导弹；按达成摧毁目标的战斗部装药性质可分为核导弹和常规导弹。

世界各国对导弹武器的研究，使导弹武器装备的技术和战术性能迅速提升，导弹作为现代战争武库中高新技术含量最高的兵器，登上战争舞台之后，其作战效率显出自有战争史以来的最高点，从地面到空中，从高山到大海，甚至到外层空间，到处都有它的身影。一枚价值几千美元的反坦克导弹让一辆上百万美元的雄风铁甲瞬间成为一堆废

◎苏—27有10个挂点，最大外挂重量4吨，可挂Р—27、Р—73空空导弹

铜烂铁，一枚价值几万美元的地空导弹可以打掉一架超过自身价值上千倍的战斗机，一枚价值几十万美元的空对舰导弹可以击沉一艘数亿美元的大型号军舰，一枚核导弹也许瞬间便能让一座城池化为平地。

知识链接：

　　"飞毛腿"是苏联研制的短程地地战术弹道导弹，有A、B两种型号导弹，采用简易惯性制导系统，可配用核、化学弹头和中子弹头，使用液体火箭发动机，车载越野机动发射。该导弹曾先后用于第四次中东战争、两伊战争和海湾战争。海湾战争中伊拉克使用的是"飞毛腿"B型，即"侯赛因"导弹以及其改进型"阿巴斯"导弹。"飞毛腿"重要战术、技术指标如下：

　　射程：50～300千米

　　弹长：11.16米

　　命中精度：300米

　　弹头装药：1000千克

　　反应时间：从预测阵地到发射约45分钟

　　推进剂：硝酸/煤油

　　"飞毛腿"导弹武器系统可以在预先测定发射点位置的阵地上发射，也可在未经测量的阵地上发射，但发射准备时间比较长。

　　军用火箭是依靠火箭发动机向后喷射所产生的反作用力而推进的飞行器。它又分为可控和无控火箭。可控火箭是导弹的成员，无控火箭是靠火箭发动机推进的非制导性武器，用于杀伤、压制敌方的有生力量，破坏工事和武器装备等。火箭发射系统主要包括单兵反坦克火箭筒、火箭炮、航空火箭、运载火箭等。

100多个，其中50多个国家的军队装备了地地弹道导弹。导弹也已发展成为拥有600多种型号的系列武器，仅巡航导弹就有130种类型。导弹按作战任务区分，可分为战略、战役、战术导弹；按飞行方式区分，可分为弹道和巡航导弹；按射程区分，可分为近程、中程、中远程、远程和洲际导弹；按发射点和目标位置可分为地对地、地对空、空对地和空对空导弹；按作战对象可分为反舰、反潜、反飞机、反坦克、反雷达、反卫星及反导弹导弹等；按推进剂类型可分为液体、固体和固液体混合推进剂导弹；按达成摧毁目标的战斗部装药性质可分为核导弹和常规导弹。

　　世界各国对导弹武器的研究，使导弹武器装备的技术和战术性能迅速提升，导弹作为现代战争武库中高新技术含量最高的兵器，登上战争舞台之后，其作战效率显出自有战争史以来的最高点，从地面到空中，从高山到大海，甚至到外层空间，到处都有它的身影。一枚价值几千美元的反坦克导弹让一辆上百万美元的雄风铁甲瞬间成为一堆废

◎苏-27有10个挂点，最大外挂重量4吨，可挂P-27、P-73空空导弹

铜烂铁，一枚价值几万美元的地空导弹可以打掉一架超过自身价值上千倍的战斗机，一枚价值几十万美元的空对舰导弹可以击沉一艘数亿美元的大型号军舰，一枚核导弹也许瞬间便能让一座城池化为平地。

知识链接：

"飞毛腿"是苏联研制的短程地地战术弹道导弹，有A、B两种型号导弹，采用简易惯性制导系统，可配用核、化学弹头和中子弹头，使用液体火箭发动机，车载越野机动发射。该导弹曾先后用于第四次中东战争、两伊战争和海湾战争。海湾战争中伊拉克使用的是"飞毛腿"B型，即"侯赛因"导弹以及其改进型"阿巴斯"导弹。"飞毛腿"重要战术、技术指标如下：

射程：50～300千米

弹长：11.16米

命中精度：300米

弹头装药：1000千克

反应时间：从预测阵地到发射约45分钟

推进剂：硝酸/煤油

"飞毛腿"导弹武器系统可以在预先测定发射点位置的阵地上发射，也可在未经测量的阵地上发射，但发射准备时间比较长。

军用火箭是依靠火箭发动机向后喷射所产生的反作用力而推进的飞行器。它又分为可控和无控火箭。可控火箭是导弹的成员，无控火箭是靠火箭发动机推进的非制导性武器，用于杀伤、压制敌方的有生力量，破坏工事和武器装备等。火箭发射系统主要包括单兵反坦克火箭筒、火箭炮、航空火箭、运载火箭等。

广阔天地演绎新较量

不同类型的导弹武器进入战场，使陆战概念出现了革命性的变化。

远战变得更加普遍和更为容易，传统的兵坑对决式的短兵相接，已从过去的贯穿战争全过程，退居到战争结束时的占领，甚至只具有象征性的意义。陆战也由过去影响和决定战争结局，变为对战争结局影响处于支持和保护作用地位。

传统意义上的空战，除了对地面目标的狂轰滥炸之外，敌对双方总是倾自己所有展开与敌对方的较量，而且一般有50％的飞机最后都是转入近距离格斗，单机对单机，机群对机群声势浩大，战场悲壮，驾驶员的技术和飞机的先进程度往往决定空战的最后胜利者是谁。然而导弹装备到飞机上以后，空中的近距离作战便迅速开始向远距离作战发展，超视距作战是最基本的作战样式。

海战也是如此，传统

◎ "霍克"地对空导弹

◎美国生产的PAC—2"爱国者"地空导弹阵地

的海战场，海面上排列整齐有序的大批军舰总能占尽天机立于不败之地，然而军舰上装有战术反舰导弹，能远距离发射，正常命中率一般达到95％以上，这使得海战中的敌我双方再也不是舰对舰的对决，而其最重要的决定因素往往取决于舰载导弹数量、射程和性能是否超群。射程远、精、准总是占尽天机最终掌握着海战场的主动权。

自从导弹问世，非线性作战、非对称作战、非接触作战就孕育在战争中，并最终成为战争的主要作战形式。部队原有的编制体制和兵力部署方式，已不适应现代导弹战的特点，进攻作战由原来的宽正面突破、多路推进为主，发展到陆、海、空、天力量配合的全方位、大纵深、立体的进攻，防御作战也要由线式的浅纵深的平面防御，发展成能在大纵深抗击来自地面和空中导弹袭击的全方位立体防御。在各国拥有的精确制导武器中，数量最多、比重最大的就要算得上是各类导弹武器了。据不完全统计，已经装备和正在研制的200多种导弹、炮弹和航弹中，导弹就有190多种。战役战术导弹迅速崛起，并在现代局部战争中充当了主角。

导弹战扩大了战场作战空间，不同类型的导弹武器在战争中发挥出不同的作用，使不同类型的导弹战应运而生。

地地导弹战。地地导弹战主要是指导弹兵从陆地上发射各种型号的战役战术导弹，用于攻击陆地上目标，它已经成为现代陆军参与作战的重要组成部分。地地导弹战可以实施全方位纵深打击，往往可以完成海军兵力兵器或空军兵力兵器无法实施的突击任务。地地战役战术导弹具有远射程、强突防能力和压制、瘫痪、摧毁对方防空兵器能力，受地理环境、气象条件影响较小，可以成为实现纵深打击的理想作战兵器，一枚精确制导导弹可以代替数架飞机的纵深攻击效

◎二炮部队东风—21中程弹道导弹起竖

果，一枚较大型号弹头的导弹武器的攻击能力，相当于一百门火炮一次齐射的打击效果。正因为如此，各国都十分强调地地战役战术导弹的远程火力打击作用，以达到突袭对方纵深目标的目的。高性能导弹武器与现代化侦察、火控、自动化和通信手段相结合，将形成打击对方全纵深的有效力量。

导弹武器对纵深内的集群兵力兵器如坦克群、飞机群等重要军事目标能实施强力突袭。美国和前苏联都研制了针对攻击专用目标的高性能地地导弹，"T—22"是美国高级研究计划局、陆军和空军三家联合发展的一种远距离、大面积反装甲武器系统，是一种单级固体战术弹道导弹，采用车载机动倾斜发射方式。可以攻击40—200千米内的敌军的重要军事设施和其他重要目标。

◎中国东风—5A型洲际弹道导弹

地地导弹，按飞行弹道可分为地地弹道导弹和地地巡航导弹；按射程可分为洲际、远程、中程、近程地地导弹；按作战使用可分为地地战略导弹和地地战术导弹。 地地战略弹道导弹通常携带单个或多个核弹头，射程远，威力大，命中精度高，用于打击各种战略目标。地地战术导弹携带常规弹头或核弹头，可以采取固定发射方式，也可以采取车载机动发射方式，用于打击战役战术目标。第二次世界大战后，美国和前苏联等国在德国V型导弹的基础上，研制了各种地地战术导弹，以及中程、远程和洲际地地战略导弹。英国、法国、中国、印度、巴基斯坦等国的导弹武器发展也很快。地地导弹可谓发展迅速，种类繁多，装备数量大。

地地导弹进行防御时，可以有效把敌军进攻阻隔在数百千米甚至于数千千米之外，可使进攻者力量投入减少50%以上。受卫星侦察和地面特工人员的侦察，实际上地地战役战术导弹在实施攻击的同时，非常容易暴露目标，并受到对方的反制袭击，所以人们在阵地部署时，通常将地地导弹配置在己方纵深地带，距一线阵地保持一定的距离，这样便于发射后及时机动后快进、快打、快撤。地地导弹部队为了增强其

◎1999年阅兵式上亮相的中国东风—31机动型洲际弹道导弹

◎从发射井发射升空的美国洲际导弹

机动能力，一些国家很快从过去一些履带式导弹发射装置，开始被动地改造成轮式装载，机动能力有了较大的增强，一天行程可达数百千米。美苏军事大国的导弹本身也采用了一些表面涂层等方法，使在同位素涂料中的高能粒子放射，造成周围空气连续电离，形成离子幕，起到隐形作用。巡航导弹更是可以超低空飞行，在敌方雷达的盲

区穿梭，直接打击锁定目标，而
且巡航导弹可以曲线式作战，这
是其他如弹道导弹所不具有的作
战能力。作为局部战争中的战略
武器，地地弹道导弹成了各国统
帅部手中的一张"王牌"和"撒
手锏"。当今世界上扩散最为广
泛的地地弹道导弹，要数俄罗斯
生产的"飞毛腿"、"圣甲虫"
和美制的"长矛"。两强争夺，
大做军火生意，推波助澜，同时
也牢牢地占据了这一领域的领先

◎中国二炮部队东风—11战术导弹发射

◎正发射起飞的美国洲际导弹

地位。尽管有些军事专家认为地地导弹远距离作战，时间飞行长，精度较低使用受限，但是，正是它的"捉摸不定"而令人生畏，况且有时打击面目标时导弹具有的精度已够完成作战任务了。比如中东战争中：埃及的弹道导弹虽无惊人之举，但毕竟开创了进入以色列空域的先例；1986年4月15日，利比亚向美军驻意大利的兰佩杜萨岛的一个警卫站

◎俄罗斯"道尔"—M1野战防空导弹

发射了2枚"飞毛腿"导弹，达到了报复美军空袭利比亚的目的；1991年的海湾战争中，伊拉克在舰艇出不了港、飞机升不了空、坦克埋于沙丘的情况下，只有弹道导弹挑起了抗击重任，保留还手之力，迟滞了美军进攻行动。

　　地空导弹战，是指导弹兵由陆地上发射导弹，专门对付空中目标的行动作战。自从飞机正式应用于战场，空袭与反空袭作战就成为决定战争胜负的重要因素。由于作战飞机的飞行高度、飞行速度和机动性等性能的不断提高，航空兵突防战术的不断改进，对防空武器的效能提出了更高的要求，而导弹技术的问世，使地空导弹理所当然地成为当今世界上发展较快和扩散规模最大的一个制空武器系统。

　　20世纪50年代，随着导弹技术和制导技术的发展，美、苏、英和瑞士等国先后研制成地空导弹武器系统，并相继装备部队。地空导弹武器系统，主要遂行防空作战任务，保卫本国政治经济中心、军事要地、交通枢纽、军队集团以及其他重要目标，作战行动中，参加争夺制空权的战斗。必要时，还可用于摧毁敌方地面、水面目标。通常与歼击航空兵、高射炮兵共同遂行作战任务，也可单独进行防空作战。美、英、

法、日等国称这种兵种或部队为防空导弹部队，俄罗斯称之为防空导弹兵。

1952年，前苏联组建防空导弹部队，后来发展成为国土防空军的一个兵种。目前，俄罗斯防空导弹兵装备的萨姆系列防空导弹武器系统，能抗击高度0.1—29千米、斜距0.08—300千米以各种速度飞行的飞机和直升机。美、英、法等国

◎法国"西北风"便携式防空导弹

在50年代相继组建了防空导弹部队。美国防空导弹部队装备的"小榭树"、"罗兰特"、"霍克"、"奈基"和"爱国者"等各种型号防空导弹武器系统，能抗击从低空到高空、从近距离到远距离的空袭兵器，"爱国者"导弹还具有同时抗击多个目标的反导能力。

中国人民解放军地空导弹部队建立于1958年，并在防空作战中逐渐发展成为空军的一个兵种；陆军和海军也随之组建了地空导弹部队。当年10月，首先组建了第1个地空导弹营，解决了有没有的问题，同年12月，组建了地空导弹部队第2个营，1959年1月，第3个营也接着成立；尔后陆续组建了第4营和第5个营等。中国人民解放军导弹部队开始装备的导弹，来自苏联进口的西方国家称之为"萨姆"型的地空导弹。到本世纪初，世界上已有近百个国家的军队编制有地空导弹兵。

地空导弹战导弹武器一般分为4类：第一类是高空中远程，20000米以上，射程超过40千米。如前苏联的"SA—2"地空导弹、"SA—5"导弹，美国的"奈基I"导弹、"爱国者"系列导弹，英国的"警犬I"导弹等等。第二类为中低空、中近程导弹，射高在6000—20000米，射程通常小于40千米。如前苏联的"SA—3"导弹、"SA—6导弹"、、"SA—11"导弹，美国的"霍克"导弹等。第三类为低空、近程导弹，射高不到6000米，射程不大于15千米。如英国的"山猫"导弹、"长剑"导弹、美国的"小榭树"导弹，前苏联的"SA—8"导弹、"SA—9"导弹。第四类为便携式导弹，射程在3000米以下，射程一般不大于5千米。如前苏联的"SA—7"，美国的"红眼睛"导弹、"针刺"导弹、英国的"吹管"导弹、法国的"西北风"导弹、瑞

典的"RBS—70"导弹等。

地空导弹的出现和发展使现代防空作战发生了新的变化。地空导弹系统和传统的高炮兵力结合，可以协同作战，在作战高度、距离、性能上互相弥补，形成一个高、中、低，远、中、近多方向、多层次的立体防空火力网，以取得最佳防空效果。

第四次中东战争期间，埃及军队为了有效地保障地面部队作战，牢固

◎欧洲"罗兰特"防空导弹

掌握作战区域的制空权，将176个高、中、低防空导弹阵地，与23—100毫米的各种口径高炮阵地，混合部署在沿苏伊士河西岸的90千米长、30千米宽的区域内。结果开

◎中国人民解放军红旗-2防空导弹

◎美国"槲树"防空导弹

战头3天就有100多架以军飞机被击落，在阿拉伯国家反以色列的战争史上为阿拉伯国家留下了引以为荣的光辉一页。前苏军的陆军部队里有严密的防空火力网。典型的陆军集团军，除了各种速射炮、高射机枪外，还配置了地空导弹和各种口径的高炮达950多门，防空导弹640多枚。地空导弹可以充分利用防空导弹精度高、机动性强的特点，根据战斗需要适时变换阵地发射的方法，出奇不意地攻击敌人，在上个世纪的英阿马岛战争中，英国军队

◎中国人民解放军"红七"地空导弹

◎中国人民解放军肩扛式对空导弹

将各种"山猫"和"罗兰"地空导弹隐蔽配置在斯坦利港附近，并不断变换阵地位置实施机动作战，较好地实施了空中封锁，完全切断了阿根廷军队向岛上部队的支援线。

　　地空弹可以利用地形地物巧妙示形，隐真示假，有效地保护自己，打击敌人。海湾战争中，伊拉克的"飞毛腿"导弹在地毯式轰炸面前，仍然顽强地生存下来，其中一个重要原因，就是伊拉克大量使用了伪装技术，在境内广泛设置了假导弹发射架、假阵地，造成联军对攻击效果分析不准，导致消灭"飞毛腿"的目标未能实现。

　　空空导弹战是指导弹兵从飞机上发射导弹，专门攻击空中飞行目标的作战行动。空空导弹武器的出现，改变了飞机之间依靠航炮进行跟踪攻击、近距离格斗的空战观念，开辟了现代空战新的远战战场。自从有了制空能力，对空中制空权的争夺就成为各国争夺的重要内容。导弹技术的发展更是使当前世界各国加紧发展空空导弹，空中作战兵器的发展势头迅猛，可以预见，未来空战将是空空导弹大显身手的地方。世界上现有的空空导弹约有50余种，近距离导弹，一般指射程在300—5000米的导弹，近程导弹一般指射程在15千米内的导弹，中程导弹则是指射程在15—50千米之间的导弹，远程导弹是指射程在50—100千米的导弹武器。

◎伊朗萨姆—2地空导弹

　　空空导弹战拉长了空战距离。美国的"超响尾蛇"导弹、前苏联的"AA—9"近距攻击导弹，它们的近距离目标只有300米，远的又常常可达1500米，攻击性能十分灵活，使空战不再是视距内单纯的近战了。机载导弹是利用飞机上的"仪表"和远视器材进行空战，但空中作战行动客观上对作战和后勤保障要求较高，尤其是必须解决空中滞留问题，所以，远距离空战常常需要空中加油才能完成。

　　1982年6月9日，以色列与叙利亚在黎巴嫩上空展开激烈的空战，空中飞机发动机的轰鸣，炮火的闪光，被击落飞机的爆炸后引发大火，使整个战场区域充满萧飒和恐怖。以色列出动的飞机主要有美国生产的轻型战机"F—15"型号、"F—16"型号和"A—4"攻击机共计90多架，远在几十千米之外，就能用搜索雷达和红外探测器寻找敌方目标，一旦发现目标飞行员迅速锁定按动电钮，就能发射导弹进行攻击，整个行动在人的目视范围之外，利用飞机装备的先进的"仪表"、"仪器"自动检索和自动控制，叙利亚的29架飞机没有能反应过来就很快被击落，几乎所有的飞行员都命丧黄泉。

空空导弹战使空中攻防作战样式发生本质的改变。美国生产的AIM—9X利用网络平台实现发射后锁定目标，从而使导弹具有360°的攻击能力，雷锡恩公司估计该弹的产量将超过15000枚，其中出口不低于5000枚。欧洲现在主要有三种新型导弹："流星"、先进近距空空导弹（ASRAAM）和IRIS—

◎美制AIM—9X "响尾蛇" 空空导弹

T。"流星"是一种新型超视距主动雷达空空导弹，采用无弹翼外形、变流量涵道式冲压发动机和Ku波段脉冲多普勒导引头。导弹的大部分飞行弹道采用倾斜转弯技术，

◎欧洲超视距主动雷达 "流星" 空空导弹

交会前导弹转为侧滑转弯飞行状态，以加大其末端的机动性。

另外，美国的"不死鸟"导弹、英国的"空中闪光"导弹、法国的"玛特拉超530"导弹以及前苏联的"AA—6"导弹等，都具备很强的中远程全方位攻击能力，比过去飞机上的的航炮攻击能力有了很大的提高，命中率也由原来的10％增加到80％甚至于更高，从而使空中作战的效果显著增强。

空地导弹战。空地导弹战是从飞机上发射导弹，用于攻击陆地上目标而进行的作战行动。导弹装备在现代作战飞机上，成为轰炸机、强击机、直升机、反潜巡逻机上的主战武器之一。空地导弹种类繁多，用途广泛，常常既有专用型，又有多用型。目前世界上空地导弹种类大约有60多种。美国的"战斧"导弹最大射程可达1600千米，而且具有较高的精度，飞行速度快，难以拦截，是远程兵器中的佼佼者。前苏联的导弹武器往往具有体型大、威力大的特点，它的空射导弹武器也不例外，上个世纪八十年代初，苏联已掌握了射程可达3000千米的新型巡航导弹技术并开始装备部队形成战斗力，这种导弹可以对敌纵深目标，敌后方的政治、经济和文化中心、交通枢纽、导弹基地、海军港口、空军机场等重要目标实施战略性战役突击。

众多的机载空地战术导弹可以对80—100千米内的战场目标进行战术突击。如美国的"百舌鸟"导弹、"标准"系列导弹，前苏联的"AS—9"导弹，英国和法国联

◎美国生产的"不死鸟"导弹

合研制的"马特尔"导弹等，都是典型的战术导弹，它们不仅具有较强的突击能力，而且具有反雷达能力。空地导弹，如果采取先进的制导技术，比如采用可变弹道技术就可以实现导弹运行中的变轨，从而就可以有效地避开敌方的火力攻击，实施有效的突击。战术空地导弹采用先进制导方式无论对

◎英军在马岛海战中，"谢菲尔德"号战舰被超军旗战机携带的飞鱼导弹击中

固定目标还是活动目标，都有较高精确性。如美国的"幼畜AGM—65"导弹，对距离1千米外小型目标攻击，射程偏差通常不超过2米，这使一般的大型军事设施或大型号武器装备已无处遁形。1973年第四次中东战争期间，以色列使用机载导弹对埃及势

◎美国F—16战斗机发射"幼畜"AGM—65导弹

◎中国海鹰HY—4岸舰导弹

◎美小鹰号航母上装备的反潜直升机

不可当的坦克部队进行攻击，共发射58枚空地导弹，击毁坦克52辆，体现了极高的作战效能。

美军拥有世界上最强大的空中力量，尤其是远程作战能力和精确打击能力都达到了前所未有的水平，在机载导弹这一领域更是独占鳌头。美国的"响尾蛇"导弹、"麻雀"导弹几乎占据了全球军火市场。在长达半个世纪的研制、改进和实战检验中美军的机载导弹技术已相当成熟，而且空中机动先天的优势，使得美军在近几场局部战争中，都是率先使用空中作战飞机实施导弹远程突击，为后续作战开辟道路，成为整个战役的开路先锋。"AIM—120"型"阿姆拉姆"中距空对空导弹是"麻雀"导弹的后继型，具有"超视距"攻击能力，最大飞行速度达到了4马赫，具有全向多目标攻击能力，并且可以"发射后不管"。发射后不管就是导弹完全利用自身的制导系统去发现目标，向目标攻击，这一性能可以使飞行员专注于自己的工作，让导弹自己去完成任务。"AIM—120"型"阿姆拉姆"中距空对空导弹可组成20多种不同的作战使用方式，从技术上尤其是现代信息技术上率先实现了制导和控制全数字化。同属

◎ 法国新型"飞鱼"导弹

◎俄罗斯反潜直升机

　　第三代精品的还有英国的"天空闪光"导弹、法国的"魔术师2"导弹以及以色列的"怪蛇IV"导弹和俄罗斯的"KC—172"导弹。

　　空舰导弹战，是指导弹兵从飞机上发射导弹，专门攻击水面舰艇的作战行动。1943年9月德国空军在轰炸机上发射了"德国兵"号无线电制导的滑翔炸弹，命中了意大利"罗马"号战舰，虽然当时的滑翔炸弹与目前的机载导弹技术上相差很远，但由于滑翔炸弹具有导弹雏形，所以，这次攻击通常被军事家们称为战争史上首次进行的空舰导弹战。空舰导弹起步虽然早，但发展比较迟缓，直到70年代，军事家们才发现机载导弹有着良好的机动能力和反应能力，才开始重视发展空舰导弹，并开始相继装备部队投入使用。

　　首次空舰导弹战发生在英阿马岛战争中，尽管阿根廷最终打了败仗，但开创了最早用空舰导弹攻击舰艇的先例，发射AM–39"飞鱼"空对舰导弹击沉了英国现代化驱逐舰"谢菲尔德"号，创下了空前，也可能是绝后的"小鱼"吃掉大军舰的战争辉煌。

应该说马岛战争是二次大战以后首次爆发的一场具有相当规模的真正空舰导弹战。

在现代高技术不断发展的今天，制空权的掌握起着越来越重要的作用，甚至于关系着整个战役的结局，所以是否具有空舰导弹优势成为海洋作战取胜的重要砝码，也是影响未来海战胜负的一个重要因素。空舰导弹战可以根据战舰的特点广泛选用专用弹，并可以掠海进攻，采用超低空突击战术对敌海上目标实施海上空袭。不仅如此，在空舰导弹射程内，空中进攻兵器迅速发射，迅速撤离，实施远距离发射导弹，具有较大的灵活性，这些机动灵活的特点往往是海上军事力量的一个弱项。

空潜导弹战，是指导弹兵从飞机上发射空潜导弹，专门攻击水下潜艇的作战行

◎美国"标枪"反坦克导弹

动。机载空潜导弹在空中发射后，由导弹内的燃料燃烧产生推力飞行，入水前助推器与鱼雷脱落，鱼雷钻入水中，它本身携带的海水电池启动动力系统使鱼雷下潜，到达一定深度后，开始靠音响寻的引导头自动寻找目标，并实施攻击。空潜导弹武器是空中反潜作战的主要武器，其运载工具主要是反潜飞机。反潜飞机续航时间长，在一个较大海域巡逻侦察，一旦发现目标迅速攻击，是水下目标的主要克星。潜艇具有一定的对空攻击能力，所以，反潜导弹必须具有较强的反应能力，速度快是反潜作战的重要特点，没有速度作支撑，飞机也会成为藏匿于水下杀手的猎物，迟早会被摧毁，而且一旦被发现和打击往往难以生还。反潜飞机速度一般在600千米／小时，而助推火箭的速度更快，潜艇水下机动相对行动就十分缓慢，所以，反潜飞机可以迅速到达指定海域，实施反潜作战。

岸舰导弹战，是指导弹兵从海岸上发射导弹，攻击水面舰艇的作战行动。沿海国家都十分重视岸防兵的建设，装备岸舰导弹也就成为反击来自海上进攻的主要兵器。岸舰导弹通常主要用于控制重要战略海峡、水道和进行要地防御，有时也可协同水面艇船，进行抗登陆作战，以保护海上交通线安全和破坏敌方的水上交通线。

◎美国"海麻雀"舰对空导弹

岸舰导弹战通常部署于固定的域，配置于重要海峡、航道或要地的坑道里，有良好的保障条件，可以较长时间待机和作战。岸舰导弹也有的采取机动作战样式，使用车载方式部署，这样机动起来更为灵活，但是没有可靠的依托，对于作战行动尤其是防卫也同时带来一些不利影响。岸舰导弹可以分为近程和远程两大类，近程岸舰导弹一般指射程在100千米以内的导弹，如中国海鹰HY—4岸舰导弹和以色列的"加伯烈"导弹等，它们的射程一般在20—30千米之间，法国的

◎俄罗斯"萨克斯风"反坦克导弹

"飞鱼"导弹射程80千米。远程岸舰导弹是指射程超过100千米的导弹，一般在150—500千米之间，如日本的"SMM—1"导弹，射程为150千米，法国和意大利的"奥托纪特"导弹射程为200千米，前苏联的"沙道克"导弹射程为450千米，这些导弹通常

◎美国SM—1"标准"型舰对空导弹

被认为是远程岸舰导弹。随着海洋利益争夺的激烈和岸舰导弹武器的发展，岸舰导弹战将会更加激烈，成为现代条件下海岸防御作战的主要形式。

舰空导弹战，是指导弹兵在水面舰艇上发射导弹，攻击空中目标的作战行动。按射程分为近程、中程、远程舰空导弹战。按作战使用可分为，舰队防空和单舰防空导弹战。舰空导弹的最大特点是反应时间短，攻防能力强。英国的"海标枪"舰对空导弹的反应时间仅为13.5秒，英阿马岛冲突中，英海军用该导弹先后击落阿根廷5架飞机和1架直升机。海湾战争中，英舰用该导弹成功地拦截了伊拉克反舰导弹，创造了首次反导战例。美国有两种舰对空导弹型也是装备比较多的导弹型号。一种是AIM—7"麻雀"空空导弹的派生型RIM—7"海麻雀"舰对空导弹，是美国和北约装备比较多的一种全天候近程、低空舰载防空导弹武器系统，主要用于对付低空飞机、直升机及反舰导弹，1969年开始装备，采用半主动雷达寻的制导，最新改进型采用雷达和红外复合制导。战斗部为连续杆杀伤型，有效杀伤半径15米。最大射程22千米，最大作战高度3000米，最大速度为2.5倍音速。全弹长3.66米，弹径0.204米，全弹质量228千

◎美军标准型舰空导弹

◎美制"紧凑型动能导弹"飞行想象图

克。另一种是美国的标准型舰对空导弹，该导弹是一种全天候、全空域舰载防空导弹武器系统，主要担负航空母舰编队的区域防空任务，是目前世界最先进的中远程舰对空导弹之一。1983年装备部队，采用中段惯导加无线电指令修正和末段半主动雷达寻的复合制导，配用多功能相控阵雷达和连续波多卜勒雷达，可同时发射8枚导弹攻击4个目标，最大射程104千米，射高24千米，最大速度3倍音速。全弹长8.23米，弹径0.34米，弹重1360千克。

舰载导弹主要采用了垂直发射技术，以舰体为平台，可以在战前充分准备，随时待机，海域的特殊环境更使舰空导弹可以顺利地实施360度全方位发射和对敌空中来袭目标进行打击，而且可以紧贴海面进行超低空飞行，如苏制SA—N—6导弹最大马赫数为6，最大射程为57千米，是目前最快的舰空导弹。舰空导弹在宽敞的海洋领域，利于采用半主动雷达寻的制导技术，所以具有在海浪杂波干扰、镜面反射和电子干扰环境下识别跟踪小型目标的能力。还有的采用无线电指令制导，可使导弹设备简单，并具有较高的制导精度。1988年正式服役的美军最先进的第四代防空系统"爱国者"导弹，已装备到航空母舰和其他战舰平台上，这种导弹可以在恶劣气象和电子干扰条件下拦截和击毁高空、低空目标，并能够同时攻击多个目标，应该说已达到目前世界导弹技术的顶峰。

潜地导弹战。是导弹兵从水下潜艇上发射导弹，攻击陆地目标的作战行动。主要有美、俄、法、英、中五个国家装备潜地导弹。

潜地导弹一般执行战略核打击任务，在现代条件下，潜地导弹是战略核力量中生存能力最强的武器，通常分为弹道式导弹和巡航式导弹两种，弹道式导弹大多采用固体火箭发动机，采用惯性制导或天文加惯性制导，射程数千千米至万余千米，导弹一般装在潜艇中部的垂直发射筒内，潜艇一般可携带12—16枚带核弹头的中、远程弹道导弹。巡航式导弹，采用涡轮风扇或涡轮喷气发动机，装有先进的惯性加地形匹配制导等复合制导系统。据统计，美国、俄罗斯、英国、法国等国家的海军，先后在潜艇上装备了1800多枚潜地导弹。美军装备的潜射"战斧"战略巡航导弹，其最大射程为2500千米，命中精度可以达到不超过10米的程度。

舰舰导弹战。舰舰导弹战，是指导弹兵从舰上发射导弹，打击舰艇目标的作战行

◎中国舰舰导弹

◎前苏联"冥河"导弹发射场面

动。到目前为止，有近30种型号的舰舰导弹武器，有30多个国家的4000多艘舰艇上装备了导弹武器。在1967年的中东战争中，埃及军队首先使用苏制"冥河"舰舰导弹，一举击沉了以色列的大型驱逐舰"埃拉特"号，引起了西方各国军界的震惊，从此，舰舰导弹作为攻击水面舰艇和现代武器的主要武器，日益引起世界各国的重视。超视距舰对舰的攻击取代近距攻击。在距离超过本舰雷达视距的情况下利用中继制导站引导，对目标实施攻击。在水上交战中，一般舰上都具有舰舰导弹，所以，现代战争，除比拼导弹武器的性能外还十分强调灵活运用战术，如敌对双方都有舰舰导弹武器，应采取先敌发射、先发制人的战术，以夺取海上作战的主动权。

巡航导弹战。巡航导弹战，是导弹兵利用自巡的巡航导弹武器来打击目标的作战行动。1944年6月14日德军使用的"V—1"型导弹就属于巡航导弹，首次向英国伦敦发射的第一枚导弹，也是战争史上巡航导弹第一次用于实战。巡航导弹迄今已发展成为一种战略导弹武器，射程可达数千千米，可以打击敌纵深目标，是一种极有威力的远程突袭兵器。巡航导弹可以从地面、飞机、水面舰艇上发射，也可以用专门的发射

◎ "飞鱼"岸舰导弹发射

◎装备在美国海军第四代"俄亥俄"级战略核潜艇上的"三叉戟II"D—5型潜射导弹

架或发射车进行发射。巡航导弹自寻的技术难以掌握和运用，所以至今真正有效掌握巡航导弹技术的国家并不多，具有较好寻的性能和精度、速度的还主要是美巡航导弹。巡航导弹的有效反射面积很小，并能按照预先编好的程序绕过敌方有威胁的空域，地面雷达很难发现和跟踪它。它还能以不同的高度、速度和方向，进行各种形式的突击。巡航导弹主要用来打击点目标，因此，它的命中精度一般不超过30米，超过了同样采用"地形轮廓匹配"系统的其他所有弹道导弹。海湾战争中，美从千里之遥发射"战斧"巡航导弹，准确地击中了伊拉克的重要军事目标，甚至出现了两枚导弹通过一个弹洞的效果，真正达到了"百步穿杨"的功效，也可以称得上战争史上的一个奇迹。

反坦克导弹战。反坦克导弹战是导弹兵使用专门研制的对付装甲兵器的导弹武器，打击敌方坦克或其他装甲兵器的作战行动。

反坦克导弹的问世，彻底颠覆了号称陆上猛虎的坦克的霸主地位，从此，称雄一世的坦克有了致命克星。甚至于一个士兵使用肩扛式反坦克导弹就能报销一辆重达几百吨的重型坦克。目前，美军正在研制一种高速动能反坦克导弹，这种导弹有轻重两种型号；轻型是供飞机使用的，用来摧毁轻型装甲车辆；重型导弹安装在陆军的步兵战车上发射。这两种导弹均以高达每秒5000英尺的飞行速度撞毁敌坦克。该导弹头上装备一根穿甲杆，通过高速飞行获得动能，来击穿装甲车辆。从现代作战中可以明显看到，新一代的反坦克导弹将朝着重量轻、超高速、攻击方式多变和弹炮结合的方向发展。

导弹是高科技武器，导弹兵对导弹技术的正确理解与熟练操作就显得尤为重要，因而导弹兵不论是战场上还是战前的技术操作上，面临的都是一项要求很高的工作，导弹兵不仅需要有过强的业务能力，还需要有良好的心理素质，不论何时都能保持冷静的头脑。在发射井中发射导弹的导弹兵，战斗在很深的掩体内，工作环境很差，事无巨细，都要求一丝不苟，严阵以待。有时候，一枚导弹需要很多人共同完成发射，这就需要导弹兵从装填、瞄准、发射等一系列程序都要按照严格的程序团结合作才能完成战斗任务。

知识链接：

导弹在军事上应用广泛，种类繁多，分类方法也不尽相同。按军事用途分，人们通常把能运载核战斗部，射程在数千千米以上，在战争全局上能起一定作用的导弹叫战略导弹，其他统称为战术导弹。目前，世界上大多数国家采用以导弹对目标的相对位置及所攻击的目标进行分类，将导弹分为地地导弹、舰舰导弹、地空导弹、空地导弹、空舰导弹及反坦克导弹。

马赫，英文Mach number，是用来描述物体超声速运动的单位，等于物速与声速的比值。一马赫即一倍音速，简写为 M。一般用于飞机、火箭等航空航天飞行器。由于声音在空气中的传播速度随着不同的条件而不同，因此马赫也只是一个相对的单位，每"一马赫"的具体速度并不固定。在低温下声音的传播速度低些，一马赫对应的具体速度也就低一些。因此相对来说，在高空比在低空更容易达到较高的马赫数。

第二章

导弹兵初露锋芒

1949年10月1日，久经战火摧残的中华民族终于站起来了。面对一个伤痕累累，百废待兴的家园，医治战争创伤、恢复生产、重建家园是全民族的首要任务。然而，盘踞在台湾的国民党当局却不甘心失败，还在做着反攻大陆的迷梦，他们利用美国提供的高性能U—2高空侦察机，不断进入大陆纵深，从事侦察和袭扰活动。

据统计，截止到1958年9月，国民党空军共出动飞机一百四十三架次，窜入福建、浙江、广东三省上空进行军事侦察。美制U—2高空侦察机重量轻、翼展宽、滑翔性能好、续航时间长，适宜于在数千米以上高空飞行；机上装有先进的航空照相机、雷达告警装置和电子设备。当时还没有哪一个国家的飞机能飞到U—2高空侦察机飞行的高度，所以，与之相对抗更是望尘莫及。

空空导弹华夏大地上空首开记录

　　1958年9月24日，国民党空军使用"响尾蛇"空空导弹击落解放军战斗机一架，这是世界空战史上第一次使用导弹。

　　1958年，国民党当局高级将领接连到金门、马祖地区视察部队，海峡两岸局势顿时紧张起来。7月18日，中国人民解放军作出了炮击金门、马祖地区国民党军队的决定。并由空军部队派遣一支战斗力最强的空军力量——第10团前赴福建第一线，来保障地面作战部队的作战行动安全。8月13日上午国民党出动RF-84侦察机2架，从高空侦察福州机场。

　　第10团大队长马铭贤立即率歼-5中队起飞拦截，并将敌机击伤，国民党飞机并不恋战，而是迅速钻入云中逃回台湾空军基地。实际上，国民党空军早已建立了中国人民解

◎美军U—2高空侦察机

◎国民党空军当时装备的F—86战斗机

放军空军第10团飞行员的档案，并指派专人进行研究，以寻求对付的方法。只听国民党飞行员向台湾指挥中心呼救："我们遭到共军袭击，请迅速派机前来接应。"台湾空军指挥部顿时慌作一团，不知所措，他们被福州上空发生的一切惊呆了。"共军海航霸王团已到福州"，怎么会这么快。消息传开，台湾空军飞行员一阵恐慌。9月24日上午9点30分和9点40分，两批F—86战斗机共24架，从台湾桃园机场起飞，杀气腾腾地扑向大陆的温州地区上空。

这些战斗机之所以毫无顾忌，实际上是因为这些F—86飞机上挂有一种在当时来说，也算得上威力很大的秘密武器，也就是"响尾蛇"空对空导弹。该型号导弹由美国1948年开始研制，1953年9月试飞，1956年7月正式装备美军部队，代号AIM—9B，"响尾蛇"空对空导弹是世界上第一种被动式红外制导空对空导弹，弹头内装有红外线导向设备，可以引导导弹追踪热的目标自动攻击，如同响尾蛇能感知附近动物的体温而准确捕获猎物一样。

◎搭载在F—86上的AIM—9B空空导弹

美国"响尾蛇"导弹于1948年开始研制，是世界上第一种被动红外制导空空导弹。该系列导弹共有12种型号，包括AIM—9B、C、D、E、G、L、M、J、N、P、S、X等。早期的"响尾蛇"性能低下，如越南战争中发射100枚，只命中10枚，一次还敌我不分地打下了自己的飞机。AIM—9L属系列中的第三代，红外寻的制导，被称为"超级响尾蛇"。1977年生产，弹长2.87米，直径127毫米，重70公斤，最大速度2.5马赫，最大射程18.530千米，内装4.8公斤烈性炸药，可全方位攻击目标。这种导弹性能和现在相比，算不上先进武器，但在当时来说，这种导弹威力非同小可，是最先进的空对空武器，加上世界各国空军还从未在实战中使用过它，更增添了它的神秘色彩。国民党空军在大陆浙江、福建沿海连连受挫，更希望有朝一日能用"响尾蛇"导弹对我实行报复。9点42分，我机群与敌机相遇，由于起初并不知道国民党飞机上已装载有"响尾蛇"导弹，所以，我飞行编队仍按常规战术展开攻击。交战中，我飞行员勇猛顽强，快速接敌机，始终与敌机群近距离格斗，打乱了敌机的队形，使其携带的"响尾蛇"导弹没有发射的机会。与此同时，另一飞行中队在接近敌机作战过程中，有一名飞行员的3号战斗机掉队，在追赶编队的途中，突然与企图偷袭我飞行中队的12架F—86战斗机遭遇。1∶12，情况十分危急。为了保证战友的安全，这名叫王自重的飞行员奋不顾身地从下方楔入敌人机群，近战格斗5分钟，接连击落敌2架F—86飞机。当他准备撤出战斗时，不幸被敌机发射的"响尾蛇"导弹击中，壮烈牺牲。

尽管国民党空军使用"响尾蛇"空对空导弹击落了我方一架战斗机，但国民党空军却付出了战机被击落两架的惨重代价。战斗中，"响尾蛇"导弹也暴露出了自身的一些弱点，比如：对红外线灵敏度不高、没有敌我识别系统等弱点，我空军很快依据这些情况制定了一些有效的防范措施，并在以后的空战中，多次挫败国民党空军，使国民党空军深感不安和震惊。

中国人民解放军导弹兵首次亮剑

　　1959年10月7日，中国人民解放军空军地空导弹部队，在北京通县上空用苏制SA—2地空导弹一举击落一架国民党的美制RB—57D高空侦察机，在世界防空史上开创了用导弹击落战斗机的首次战例。

　　地空导弹部队是指装备地空导弹武器系统，遂行防空作战任务的兵种或部队。英、法、日等国称防空导弹部队，俄罗斯称防空导弹兵。 主要任务是保卫国家政治经济中心、军事要地、交通枢纽、军队集团以及其他重要目标，参加争夺制空权的斗争。必要时，还可用于摧毁敌方地面、水面目标。通常与歼击航空兵、高射炮兵共同遂行作战任务，也可单独进行防空作战。地空导弹兵在现代防空作战中，具有重要的地位。由于作战飞机的飞行高度、飞行速度和机动性等性能的不断提高，航空兵突防战术的不断改进，对防空武器的效能提出了更

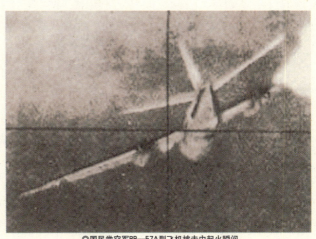

◎国民党空军RB—57A型飞机被击中起火瞬间

◎击落国民党空军U—2高空侦察机的"萨姆"导弹

高的要求，一些国家有计划地开展了地空导弹武器系统的研制工作。20世纪50年代，随着火箭技术和制导技术的发展，美、苏、英和瑞士等国先后研制成地空导弹武器系统，并相继装备部队。1952年，苏联组建防空导弹部队，后来发展成为国土防空军的一个兵种。美、英、法等国也在50年代组建了防空导弹部队。

中国人民解放军地空导弹部队建立于1958年，并在防空作战中逐渐发展成为空军的一个兵种，陆军和海军也随后组建了地空导弹部队。

1959年10月7日，对于地空导弹部队这个刚刚组建不久的最年轻兵种来说，是一个不寻常的日子。一架国民党空军RB—57D型高空侦察机从桃园机场起飞，10点刚过，以19000米的高度，从浙江温岭上空进入大陆。这种美国制造的RB—57D型侦察机，飞行高度可达20000米，而人民空军当时拥有的最先进的"米格—19"歼击机，实用升限不足18000米，对其构不成威胁。这架RB—57D飞机由王英钦驾驶，进入大陆后沿着津浦铁路飞行，经过南京、徐州、济南、天津，直指北京。12点04分，敌机临近北京近郊上空，进入了地空导弹布下的天罗地网。地空导弹第2营营长岳振华沉着应战，果断指挥，当敌机进入作战范围时，下令发射了导弹。

顷刻间，3枚导弹腾空而起，向RB—57D飞机高速飞去，美制高空侦察机凌空爆炸。敌机残骸坠于通县东南18千米处，王英钦当场毙命。

　　成功击落入窜的国民党RB—57D侦察机，是中国人民解放军空军地空导弹部队首次亮剑，也是世界防空史上首例用地空导弹击落敌机，开创了世界防空史上使用地空导弹击落敌机的先例。

　　从1962年1月国民党空军改用美国提供的U—2飞机恢复了高空侦察活动。U—2侦察机实际上是美国情报机构用来对中国大陆进行战略侦察的工具，因其全身漆成黑色而被称为"间谍幽灵"，也被戏称为"黑寡妇"，是当时世界上最先进的侦察机，配有8台自动高倍相机和电子侦察等系统，所用的胶卷达3.5千米长，能把宽200千米、长4300千米范围内的景物拍下并冲印成4000张照片。

　　1962年9月9日，中国人民解放军地空导弹第2营首先在江西南昌机动设伏成功，击落1架U—2飞机。

◎被中国人民解放军空军部队击落的U—2侦察机

◎美制RB—57高空侦察机

　　此后U—2飞机上安装了告警系统，但第2营又于1963年11月1日和1964年7月7日，分别在江西上饶和福建漳州设伏抓住了战机，并且运用近快战法，使其告警系统不起作用，击落了第2、第3架U—2飞机；此后U—2飞机上又加装了回答式干扰系统，以为这一下可保无忧了，然而道高一尺魔高一丈，地空导弹第1营于1965年1月10日夜间，在内蒙古包头机动设伏成功，以近快战法反掉干扰，击落了第4架U—2飞机；接着第14营于1967年9月8日，又在浙江嘉兴机动设伏成功，使用国产"红旗"二号地空导弹，击落了第5架U—2飞机。

中国人民解放军空军地空导弹部队针对U—2飞机的性能特点、进犯规律，采取机动设伏、近快战法、反干扰措施等手段与之斗争。至1969年10月，"U—2"侦察机连连折翼，我空军地空导弹部队先后共击落美制5架U—2高空侦察机、3架无人驾驶侦察机，为保卫祖国领空立下不朽功勋。为此，对于空军地空导弹部队连续击落5架U—2飞机的战功，中央军委多次嘉奖表扬，并于1963年12月26日，授予第2营营长岳振华"空军战斗英雄"荣誉称号，于1964年6月6日，授予击落国民党高空侦察机的导弹营为"地空导弹英雄营"光荣称号。毛主席等中央领导在人民大会堂亲切接见了地空导弹英雄营。

在随后的局部战争中，地空导弹也都发挥了重要作用，并必将发挥越来越重要的作用。第四次中东战争中，以色列被埃及击落114架飞机，其中62%是被地空导弹击落的。1972—1975年，越南发射589枚"SA—7"肩射红外寻的地空导弹，共击落美机204架。甚至当今世界最先进的飞机之一法国幻影—2000，也于1995年8月30日在波黑被一枚不起眼的红外便携地空导弹击中。海湾战争开始后，尽管伊拉克的防空雷达和地空导弹系统遭到致命打击，指挥系统几乎成了"瞎子"和"聋子"，但单兵携带的肩射地空导弹还是发挥很大作用，多国部队损失的37架各种作战飞机，其中80%是被苏制便携地空导弹击中的。

◎中国人民解放军陆军目前装备的防空导弹KS—1A

◎法国生产的幻影—2000，射程为800千米

知识链接：

U—2飞机，全身黑色、轻巧细长，绰号"黑色间谍小姐"，飞行高度可达20千米以上，最大时速约1000千米，巡航速度为800千米，最大航程7000千米，续航时间超过8小时，可对大面积范围进行航空摄影，并装有先进的电子侦察设备。

幻影—2000是继著名的幻影Ⅲ和幻影F1战斗机后，法国达索航空公司于上个世纪80年代开发出的多用途战斗机，并于1984年开始在法国空军服役。该机技术先进，是世界上为数不多的完全不"师承"苏美技术的战斗机之一。随后的时间里，幻影2000战斗机先后为埃及、希腊、印度、秘鲁、卡塔尔、阿联酋和中国台湾所采用。目前幻影2000已成为世界上最好、分布最广泛的战斗机之一。

萨姆导弹威震蓝天

萨姆导弹是前苏联于上个世纪40年代末开始研制的第一代中高空地对空系列导弹。其中，"SA—2"地空导弹属远程地对空导弹，是1953年开始研制的二级串联导弹，1957年装备苏联军队。后来不断改进，共发展了6个型号。它是苏联境内装备量最大的导弹，并外销东欧、中东等近30个国家。"SA—2"地空导弹弹长10.8米，直径654毫米，最大速度4马赫，最大作战高度32千米，可全天候发射。

1959年10月7日，中国首次打下美制国民党空军RB—57D高空侦察机的导弹，也是这种称为萨姆的苏制地空导弹。

萨姆导弹在自己出生的土地上，也曾创下击落美国U—2高空侦察机的记录。1961年5月1日，苏联用"SA—2"地空导弹击落一架美国U—2高空侦察机。不过，U—2深入苏联侦察总计24次，也只一架被击落。

最为辉煌的战绩，要算是越南抗美救国战争。

越南战争时期，1965年7月25日，"SA—2"导弹系统首次投入作战，当天即击落了美军飞机3架。一个月中它使美军损失100多架飞机，从此"SA—2"导弹声名大振，一时间，"SA—2"导弹成为对付美国高空侦察机的最有效的武器，成为了美国飞机的克星。

后来，美国飞机加强了电子干扰，到1967年，越方每发射50枚才能击落1架美国飞机。魔高一尺，道高一丈，"萨姆"系列导弹在不断研制和发展中导弹性能也在不断得到提高。

起初，面对强大的美国空军，越南人民军可以说是只有招架之功，而无还手之力，越来越显得束手无策，地面行动因为没有空中掩护屡遭美国空军的破坏，重要目标无法受到保护。越南领导人感到非常焦虑，这时也只能向苏联求救了。苏联是社会

◎前苏联萨姆—2型导弹威震蓝天

主义阵营中的"老大哥"，也不愿看到越南被美国打败，决定向北越提供当时号称最先进的地对空导弹—"萨姆—2"地空导弹。

1964年底，在苏联的援助下，越南人民军导弹部队已经形成一定的规模，并开始形成战斗力，到1965年初河内周围40千米的区域也已部署部分该型号导弹，但总体上看，导弹发射架和导弹数量还比较少，作战力量十分有限。为突然形成规模和形成

强大的战斗力，形成对美空军作战的强大优势，越南决定暂时不予使用，继续发展，至形成较强大的作战力量，再投入战斗。美军对此虽有些觉察，但并没把这些放在心上。有一次，侵越美军总司令威斯特摩兰将军和空军司令乔·摩尔将军一同前往西贡，请求批准轰炸正在北越修建的"萨姆—2"导弹发射阵地，当时任美国国家安全事务的助理国防部长麦克瑙顿，认为这是小题大做。"你真以为北越人会使用这种导弹？"他嘲笑摩尔将军说，"配置这种导弹只不过是俄国人安抚北越的一种政治策略罢了。"但事实很快无情地嘲笑了麦克瑙顿的狂妄和无知。

1965年6月29日，美国总统约翰逊发布命令，对越南民主共和国首都河内地区实施攻击和轰炸。

7月24日，根据敌情通报和当时天气情况，分析敌人可能要来偷袭，越南民主共

◎美国F—4"鬼怪"式战斗机

◎萨姆—2防空导弹系统

　　和国人民军总司令武元甲发布命令，使用地空导弹部队，狠狠教训和打击美军，数十枚苏制"萨姆—2"地对空导弹矗立在发射场上，高昂起头，直指敌机可能进入的上空，正跃跃欲试，只待一声令下去惩罚空中强盗。

　　15点9分，美军第一批四架F—4C飞机从西南进入预设的攻击区域。"发射！"随着一声令下，四枚导弹拖着一条条火龙直刺蓝天；紧接着便是震耳欲聋的巨响，两架飞机当即在空中粉身碎骨，还有一架被击中后摇摇晃晃直往下掉，最终还是难逃毁灭的命运，像一个火球重重地摔向阵地附近。

　　美军飞机一批接着一批气势汹汹不停地来进犯。狂轰滥炸，伺机报复，炸弹的爆炸声，飞机的呼啸声交织成一片。间或出现的便是导弹愤怒的火焰，紧接着好像是一种必然一样，便会有一架飞机冒着滚滚浓烟砸向地面，顿时弹片横飞。就这样，一架架美军机拖着乌黑的浓烟摇摇晃晃地坠落了。仅半年时间，在北越部署的"萨姆—2"导弹就先后击落了猖狂的美军飞机100多架，美国空军的嚣张气焰一时烟消云散。美军飞行员再也不像从前那样恣意在越南北方上空飞行。"萨姆—2"导弹击落美军

◎美国制造的"麻雀"空对空导弹

◎美国F—105"雷公"战斗轰炸机

飞机的消息极大地鼓舞了越南军民的抗美信心，就好像天空突然有了一个保护伞一样，他们可以大胆地在保护伞下面抗击地面之敌了。

"萨姆—2"导弹的辉煌战绩，给苏联人挣足了面子，更极大地鼓舞

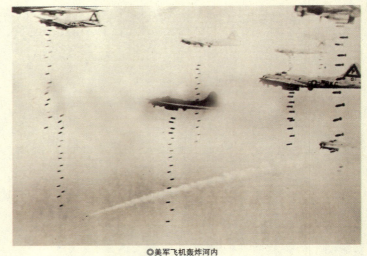

◎美军飞机轰炸河内

了越南军民的士气。为了抗击美国的侵略，北越领导人决定大量部署"萨姆—2"导弹，以更好地获取战争中的制空权。很快，北越地空导弹的数量得到迅速提升。

1965年7月24日，美国空军编队，由12架F—105"雷公"战斗轰炸机组成，按照预定作战方案，飞向越南首都距河内70千米的区域。

这12架战斗轰炸机由4架F—4C"鬼怪"式战斗机的掩护，避开轻武器弹幕的拦截，从低空悄悄进入了该区域上空，一位上校军官拿着高倍望远镜俯视了将要袭击的目标后，恶狠狠地说："我马上叫你变为废墟！"话音未落，地面上突然出现了两团橘红色闪光，随后，喷着火焰的两枚导弹呼啸着奔向天空。没等这位上校军官醒过神，一架F—4C"鬼怪"式战斗机便在震天撼地的巨响中变成一团火球栽向地面，吓得这位上校掉下了手中的望远镜，连连命令部属返航逃命。1965年8月12日，一架A—4型攻击机从美国第七舰队"中途岛"号航空母舰起飞，在河内西南80千米上空被击落；8月24日、9月30日、10月5日、12月9日，美军的F—4B、F—8、F—4C等飞机也先后被击落。

萨姆导弹在对抗美空军的制空作战中，发挥了其他作战力量不可替代的作用，但在越南空军与美军空军的空中作战中，越南空军仍旧处于劣势。1966年4月23日，在河内东北40千米上空发生了一次空战。4架F—4C"鬼怪"式战斗机与越南的6架米格—17飞机空中格斗5分钟，美军用"响尾蛇"、"麻雀"等空对空导弹击落了越南

◎前苏联萨姆—2型防空导弹

◎越南战争中部署在河内郊外的萨姆—2型防空导弹在为西贡战役作准备

两架米格飞机。1972年5月12日，在美军轰炸北越的一次战斗中，美军用导弹和机关炮击落了17架越南米格飞机。

1972年早春时节，万里晴空。美军中尉米维尔又一次驾机飞越河内上空。这已经是他第四次驾机进入越南河内上空，前3次他的轰炸任务完成得相当出色，投下的每一颗炸弹都像长了眼睛一样，准确地击中了目标。也该他成功，有一次他的飞机尾部被地面密集的炮火击中，所有的人都认为他必死无疑，可他竟奇迹般地驾机安全地返回了空军基地，并因为他的出色表现，被授予一枚"空中英雄"战斗勋章，成了赫赫有名人物。这一次，他和另外两名少尉，一个叫帕克，一个叫尼基，共同领受一项非常特殊的任务，就是摧毁河内西北郊地区的一个弹药仓库。

三架飞机呈三角形战斗队形，按计划准时飞到了河内上空，为了躲避越方地面炮火的密集轰击，他们拉大了彼此间的距离。米维尔展开军用地图再一次确认目标，做到准确无误，他才用对讲机发出了指令："目标右下方，准备投放！"两位少尉几乎同时回答："明白！"

目标越来越清晰，米维尔的眼中闪现着典型库房式结构的建筑群，规模很大，米维尔暗下决心，这是弹药库决无疑问，米维尔把手指轻轻地放到了按钮上，屏息静气，做着最后的心理准备。突然，

◎前苏联"萨姆6"防空导弹

一种不祥的征兆从他脑际闪过，地面安静得异常，他预感到有些不妙想提醒另两位伙伴时，什么都为时已晚，刹那间，尼基和帕克的飞机伴随着两声"轰"、"轰"的巨响，化作两道耀眼的光亮，消失在苍茫的天际。

米维尔慌乱丢下带来的炸弹，立即拉动飞机操纵杆迅速爬升，失魂落魄地返回到了基地，失去战友的伤感，侥幸生还后的余悸，让这位虽久经沙场的老兵也长时间难以平静下来。河内果真装备了地对空导弹？美军十分吃惊。因为，就在一周前，侦察卫星拍摄的河内弹药库及其周围的地形卫星图片，并没有丝毫的征候显示有导弹阵地。但事实就是事实，经过认真比对，才发现照片上能够反映出两处地对空导弹阵地，只不过没有事先的提醒很难去判别出来。不过这时的美军也发现，装备在河内的两个导弹阵地都建设在河滩上，防卫措施相对还是比较薄弱，应该易于攻击。数天后，美军重整旗鼓，动用了建在日本冲绳岛基地的两架飞机，载着空对地导弹悄然起飞，直扑河内的防空导弹阵地，突袭一举成功，河内建设的两个导弹阵地在一片爆炸声中变成了一堆废铜烂铁。

从此，美军又恢复了对河内的常规轰炸。B—52在河内上空肆无忌惮地恣意飞行，耀武扬威，B—52飞行高度达万米以上，在这样的高空投掷航空炸弹，在当时的

技术状态下，还没有哪一种防空火力具备对抗能力，也正因为如此，长时间内，越南军民似乎无可奈何，河内建筑物不时被航空炸弹击中燃烧，市民更是平添不少的惊恐。

　　不过，越南人民军很快认识到，导弹阵地之所以屡次遭遇打击破坏，主要是没有躲开美国侦察卫星的侦察监视。避免遭敌侦察和打击，行之有效的方法，就必须使导弹阵地具有一定的隐蔽性，作战行动具有一定的突然性。为此，越南人民军在苏联的帮助下，秘密建起了新的导弹阵地。时隔不久，果然有5架B—52战略轰炸机再次例

◎美国 B—52轰炸机

行飞临河内上空，掩体内的防空导弹抓住有利战机，迅速撕去伪装实施发射，一枚枚导弹呼啸着奔向蓝天直刺向飞行中的5架B—52战略轰炸机，4架B—52战略轰炸机被炸毁。从1973年12月18日到30日的两周时间内，美军对越南北方实施了"地毯"式轰炸，有32架B—52战略轰炸机被击落，其中29架是被苏制"SA—2"地空导弹击落的，占总数的90％以上。

知识链接：

"萨姆—6"是前苏联在二十世纪六十年代发展的一款中近程防空导弹。"萨姆—6"导弹安装在履带装甲车上、机动性非常强。1辆装甲车可装3枚。它的弹长6米，射程为30千米，能够击中高度低于100米的低飞目标。它的瞄准器能自动搜索敌机，哪怕是超音速飞行的飞机。它的两个雷达系统可提供定向脉冲的信号：搜索发现敌机，并向目标发射定向波束，波束被目标反射回来；定向波束跟踪敌机，反射信号在几分之一秒内给发射架的电子系统提供关于敌机的高度、方向、速度的各种信号。电子系统自动发射火箭。发射出去的火箭以超音速飞行，一级火箭由固体燃料推动。火箭离目标最后几百米时是自己操纵的。弹头上的热探测器感受到飞机发动机喷出的气流，火箭便把方向对准这一热源，即使导弹不直接命中飞机，只是在附近爆炸，飞射出去的弹片一旦击中飞机的易损部位，也能将其击落。

反坦克导弹兵陆地争雄

1956年，法国在阿尔及利亚的战争中，在世界上首次使用了SS—10和SS—11反坦克导弹。不过这种由法国生产的第一代反坦克导弹，采用有线、手控制导，射程仅为500—3000米，飞行速度也只有160米/秒，实际运用效果并不理想。

◎开战第一天，以军在戈兰高地遭受重大伤亡

1. 坦克战场遇到了致命克星

第四次中东战争中，坦克第一次真正遭遇到致命克星，埃及的反坦克导弹大出风头。

1973年10月6日，第四次中东战争爆发。埃及军队首先抢渡了苏伊士运河，突破了以军在运河东岸的防线。以色列立即调动大量装甲部队气势汹汹地扑向埃军。就这样，一场举世震惊的坦克与反坦克大战在以色列与埃及军队间展开了。

对以色列咄咄逼人的攻势，早有准备的埃军作了周密计划。他们沿苏伊士运河布置了由

◎第四次中东战争战场遗迹

步兵携带的"赛克"反坦克导弹，埋伏在一片沙漠之中，静悄悄地等待着以军的到来。

10月8日上午9点40分，以色列军队名噪一时的第190装甲旅炫武耀威，不可一世地呼啸而来，企图一举歼灭埃军。可他们怎么也没想到，大难将要降临自己头上。以军的12辆坦克在埃军阵地前刚一出现，埃军的反坦克导弹便以迅雷不及掩耳之势，飞向以军的前3辆坦克，霎时声响如雷鸣，光亮如闪电，伴随着巨大的火焰和浓烈的烟雾，3辆坦克很快成了一堆废铁。随后而来的以军主力部队100辆坦克也受到突然出现的埃军"赛克"反坦克导弹及其他反坦克武器的袭击，仅仅二十几分钟的时间，埃军就击毁了以军85辆坦克。

◎美国"陶"式反坦克导弹发射车

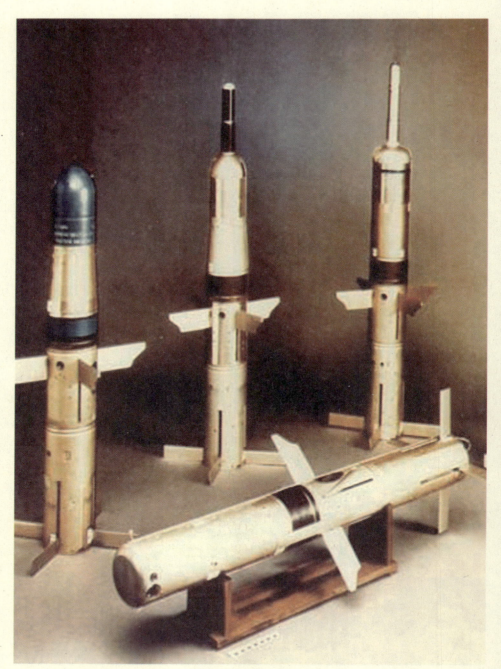

◎ "陶"式反坦克导弹

战场上爆炸声、喊杀声、呼救声此起彼伏，不绝于耳。往日横冲直撞的钢铁骄子有的粉身碎骨，有的正在燃烧爆炸，以军第190装甲旅的旅长亚古里上校所乘的坦克也被埃军击毁，旅长亚古里乖乖地举起了双手……

非常有趣的是，第四次中东战争，阿以双方竞相使用反坦克导弹武器，可这些武器的来源却是苏美，因此可以说这次中东战争成了苏美新式武器的试验场，阿以进行的则是一场代理人战争。同时，以色列疯狂扩张，多次发动侵略战争，武器消耗量甚大。而阿拉伯国家为保护自身安全和收复失地，也不得不寻求各种武器来源，从而大量进口。这样，就使阿以双方自觉和不自觉地成了美苏新式武器的可悲牺牲品。

苏美两国在中东地区既加紧争夺，又力避迎头相撞；既想到战场试验一下自己的新式武器，而又不愿自己直接动手。两国为争夺常规武器的技术优势，在这场战争爆发前后，分别向阿以双方提供了大量的新式武器、技术装备和经费军援。其中，反坦克导弹主要包括苏联向埃、叙两国提供的"萨格尔"反坦克导弹、"斯瓦特"反坦克导弹，美国向以色列提供的"陶"式反坦克导弹等。

苏联和美国还分别向阿以提供军援54亿美元和13亿美元。苏美两国还直接运用侦察卫星，美国还运用了高空侦察机，进行战略、战役和战术侦察的广泛试验和检

◎法国"米兰"反坦克导弹发射车正准备实施发射

验。埃军第2、3军团结合部存在的空隙，就是由美国侦察卫星侦察到并提供给以色列的，从而使以色列偷渡苏伊士运河西岸获得一举成功。

2. 海湾战争中的反坦克导弹战绩不凡

冷战时期，以美、苏为代表的北约和华沙两个世界性集团，一直展开着军事竞赛。在反坦克导弹武器的研制上，第一代反坦克导弹，主要代表型号有前苏联的"萨格尔"（AT—3），法国的SS—10，英国的"警惕"、瑞士的"蚊"；第二代反坦克导弹，其代表型号有前苏联的AT—4、AT—5、AT—6，美国的"陶"式和"龙"式，法德联合研制的"米兰"、"霍特"也有相当的国际影响力，具有较强的作战能力。"萨格尔"、"陶"、"龙"、"米兰"和"霍特"这五种导弹号称国际反坦克导弹五大名牌。

苏联在反坦克导弹领域，长期处于霸主地位。上个世纪60年代末，苏联独辟蹊径，为反坦克导弹的发展打开了另一扇大门，将目光瞄向了炮射导弹。70年代后，先后造出七八种型号，这些导弹凭借射程上的优势和较高的命中精度，不仅极大地提高了新式坦克的远距离作战能力，而且使一批行将退役的老式坦克重返战场。炮射导弹的成功，标志着反坦克火力上的突破性进展。

与苏联反坦克导弹相比，美国制第三代反坦克导弹"海尔法"（又称"地狱火"）通过车载和机载提高了机动能力，进一步增大了射程，提高了飞行速度和命中精度。海湾战争中，美军"阿帕奇"直升机携载的"海尔法"，能超音速飞行，最大射程可达7500千米，"海尔法"以2800余枚击毁伊军坦克等装甲目标2100多个，列整个参战反坦克兵器之首。

◎美国"龙"式反坦克导弹

◎苏联提供给埃及和叙利亚的"萨格尔"反坦克导弹

◎西奈半岛公路旁一辆被击毁的以军坦克

　　海湾战争中，反坦克导弹是人类战争史上使用型号最多、数量最大的一次战争。多国部队从地面、直升机从空中发射各型"陶"式导弹10000多枚，"小牛"导弹5100多枚，"霍特"导弹328枚，AS—30L导弹60枚，这些反坦克导弹摧毁或击伤伊军坦克3700辆、装甲车1800辆，命中率均达到了75%～80%。

　　知识链接：

　　反坦克导弹是打击坦克、装甲车辆和敌方纵深地面目标的导弹。它可由直升机发射，也可由地面车辆携带。从20世纪40年代开始，反坦克导弹已经发展了三代。反坦克导弹在经历了第一、二代之后，20世纪70年代后期开始研制"发射后不管"自动制导的第三代导弹。采用双级串列聚能战斗部，具有攻击坦克顶部装甲的能力。高技术战争给反坦克导弹的发展提出了更高的要求；直升机载反坦克导弹地位增强；车载反坦克导弹随机械化部队联同作战；反坦克导弹具有敌我识别功能；研制新的制导系统和威力更大、多功能的战斗部等。

第三章

长缨在手导弹兵独领风骚

第二次世界大战，德国部队用V型导弹突击英国以及比利时等欧洲国家主要城市，开创了人类战争史上一个新的作战样式"袭城战"。

二次世界大战时期的导弹技术，处于初级阶段，导弹技术水平低，发射后的导弹控制能力相对较差，据战后统计，真正能到达目标区对目标造成毁伤的只有30%左右。剩余的不是被地面密集的炮火所击毁，就是自己飞偏了方向。更有甚者，在发射点火时或者在飞行过程中就出现故障爆炸了，也有的导弹掉进了大海。尽管起初的导弹武器军事价值并没有充分发挥出来，但它本身所具有的无以伦比的威力，还是在人们心里造成不小的震惊，起到了一种巨大的威慑作用，也正因为如此，导弹技术在战后得到了迅猛发展，并在随后的战争中得到各参战国的特别青睐。

两伊战争导弹兵展开"袭城战"

1980年9月22日—1988年8月20日，伊拉克和伊朗两个西亚大国爆发了一场持续8年的战争，历史上称为两伊战争。

战争后期，两个交战国以对方城市为打击对象进行了一场大规模的导弹袭击，是导弹战历史上典型的"袭城战"。

从1985年3月双方开始用导弹互相袭击，但由于伊拉克导弹射程打不到德黑兰，对战争的影响不大。1988年初，伊拉克完成了对"飞毛腿"导弹的改进，主要有两种型号，一种叫侯赛因导弹，一种叫阿巴斯导弹。其中侯赛因导弹射程达到650千米，长13米，重7000公斤，可固定和车载机动发射。从1988年2月，伊拉克选择伊朗的首都德黑兰、库姆、伊斯法罕、土不里士等6个重要城市作为打击目标，发射了189枚"飞毛腿"导弹。其中，集中了70%以上的导弹，对德黑兰进行了密集的突击。伊朗则向伊拉克的巴格达、巴士拉、摩苏尔、基尔库克等城市发射了77枚导弹。但由于伊朗准备不够充分，仓促应战，打击的力度自然无法与伊拉克相比，导致了伊朗战局的被动。几天的突击之后，德黑兰城内一片混乱，人心惶惶，有着一种从未有过的巨大压力。导弹袭城战持续到第4天，伊朗外交部紧急照会联合国安理会，表示愿意接受598号决议。但是伊拉克并没有因此停止导弹攻击，为了彻底打垮霍梅尼，萨达姆下令把破坏面和打击力度进一步加大，实施更为凶狠的导弹突击。这场导弹袭城战仅在1988年2月19日到4月12日间，伊朗被炸死1700多人，炸伤8200多人，伊拉克伤亡 2000

多人，给双方在心理、经济、军事以及政治上，都带来了巨大的损失和难以承受的打击。

　　两伊战争的导弹袭城战，是导弹问世以来首次大规模用于实战，大大提高了导弹在现代战争中的地位作用，并直接决定了战争的结局。自此以后，许多第三世界国家都在大力研制、购买导弹，以壮大自己的军事力量。

◎1980年9月24日被伊朗空军轰炸后的伊拉克首都巴格达居民区

> **知识链接：**

　　两伊战争，是伊朗和伊拉克为边境交界处的夏特阿拉伯河的主权争议而引发的战争，时间长达8年。

　　第一阶段伊拉克进攻，伊朗防御。1980年9月22日起，伊拉克出动大批飞机，大肆轰炸伊朗的10个空军基地。地面部队5个师分三路向伊朗境内推进，迅速攻占伊朗近2万平方千米的领土。第二阶段伊朗由战略相持转为战略反攻，时间从1980年11月至1982年6月底。伊拉克军在第一阶段未达成战略目的时，又在北线马万里地区开辟了新战场，使整个战线延长至610多千米。伊朗军队集中主力于中线和南线，重点围歼伊拉克军的有生力量，解除了阿巴丹的包围，收复了南线全部、中线的大部分失地，逐渐取得了战场主动权。第三阶段伊朗进攻，伊拉克防御。1982年7月13日夜，伊朗军队发动了"斋月行动"的攻势，攻入伊拉克境内，经多次战斗，占领了伊拉克境内的马季农岛、海湾的法奥港和北部战线的一些高地。伊拉克军开始全线转入防御。随着战争的持久，双方不断发动"油轮战"、"袭城战"及"经济战"，导致战争不断升级。在"袭城战"中，伊拉克占据了上风，伊朗被迫同意接受联合国安理会598号决议。8月20日两伊宣布停火，战事遂告结束。

　　两伊战争实际上是一场"马拉松"式的消耗战。8年中，两国军费开支和经济损失总计达6000亿美元，交战双方人员伤亡148万人，被俘8万人。其中伊朗军队死亡35万人，受伤70万人，被俘3万人，损失作战飞机约150架，坦克1500辆，火炮1200门，舰艇16艘；伊拉克军队死亡18万人，受伤25万人；被俘5万人，损失作战飞机250架，坦克2000辆，火炮1500门，舰艇15艘。同时，非交战国也蒙受巨大损失，被击沉击毁船只90艘，击伤546艘，另有90艘被困于阿拉伯河，大部分损坏。

美军导弹兵逞凶利比亚

1986年3、4月，美国凭借其空中优势，对利比亚实施了大规模的空袭作战行动。美国军队对利比亚的袭击，开创了现代高技术战争条件下，"外科手术式"打击的典型战例。

美国作为一个军事超级大国对一个弱小国家大开杀界，必定事出有因。事实上，利比亚本来是一个亲美国家，美国在利比亚也有着巨大的经济利益，并且建有相当规模的军事基地。但是，1969年9月1日，利比亚军队的陆军中尉卡扎菲率领"自由军官组织"发动了一场政变，并出任了利比亚革命指挥委员会主席，从此利美关系迅速恶化。

卡扎菲执政后，推行了一套亲苏联反美国的外交政策，大批购买苏联武器，聘请苏联军事顾问，而把美国视为国家的"头号敌人"，并且下令关闭了美国设在利比亚的空军基地，宣布锡德拉湾属利比亚领海，废除所有利美签订的军事和经济技术协定。1979年12月，为了支持伊朗的反美斗争，2000名利比亚人在美国驻利比亚大使馆前举行示威，烧毁了使馆大楼。美国对利比亚的这种

◎美军空袭利比亚

倒戈行为当然极为不满和愤慨，对卡扎菲更是恨之入骨。1981年，美、利两国最终宣布断交。随后两国不断出现摩擦。其中，1985年6月，美国环球航空公司飞机被劫；1985年12月，罗马机场和维也纳机场相继发生恐怖事件，其中3名美国人遇害死亡。一连串的事件，使美国认定利比亚是一个策划和支持恐怖活动的基地，决意对它进行一次空中打击，来教训一下利比亚。

美国空袭利比亚开创了高技术战争的先例。1986年3月14日，里根总统召集会议制订了代号为"草原烈火"的作战方案。为此，美国向地中海集中了大量舰船和多架各型号飞机。3月23日下午，随着美军凯尔索中将的一声令下，美国海军军舰3支航空母舰编队、50艘各型舰艇、240架飞机，进入了利比亚认为是领海、美国认为是公海的锡德拉湾，进行挑衅性军事演习。

面对美国的挑衅和军事打击，卡扎菲并不惧怕，而是采取了针锋相对的策略，命令部队严阵以待，随时战斗。一时间，锡德拉湾战云密布，危情一触即发。

24日下午1点，美国第6舰队中的3艘战舰和100多架飞机以演习为名，肆无忌惮越过卡扎菲宣布的位于北纬32度30分的所谓"死亡线"。利比亚断然出手，下午2点52分，2枚苏制萨姆—5防空导弹，从利比亚阵地发射升空直指2架美国飞机，但都因美国军队的强力电子干扰，均未击中目标。接着，利比亚又出动2架米格—25歼击机前往阻止，无奈也遭美空军战斗机的拦截被迫返回。傍晚时分，利比亚导弹基地又先后发射了3枚萨姆—5导弹和1枚萨姆—2导弹，都因受到干扰未击中。

利比亚的首先动武无疑给美军采取随后的军事行动提供了有力的借口，美以利比亚首先开火为借口迅速展开了报复行动。24日夜21时26分，美2架A—6攻击机从"美国"号航空母舰上呼啸着腾空而起，开始实施空袭行动，先后发射2枚"鱼叉"导弹击中1艘正向美特混舰队逼近的利比亚导弹艇，该艇迅速沉入海底，艇上27名官兵葬身鱼腹。

1小时后，2架A—7攻击机从"萨拉托加"号航空母舰上起飞，直扑利比亚苏尔特地空导弹基地。利比亚的地空导弹基地是美军实施"草原烈火"行动要打击的重点目标。为顺利达到目的，美军不仅事先获取了利比亚雷达制导站的频率，而且制定了

◎号称沙漠"雄狮"的利比亚领导人卡扎菲

◎美军"鱼叉"舰舰导弹

严密的措施,组成了多层次的电子战网。在高空,有E—2C"鹰眼"预警机监视半径300千米内的利比亚飞机、舰艇和导弹阵地的动向,随时把搜索到的目标信息传送给舰队指挥中心、舰艇和飞机;在中空,有EA—6B电子战飞机盘旋,随时截获利比亚的电台和雷达发射的电波,测定其位置,适时对其实施干扰,造成对方通信中断、武器失控,以掩护攻击机突防和袭击。

2架A—7攻击机在电子干扰的掩护下,顺利发射了"哈姆"反辐射导弹,彻底摧毁了苏尔特附近导弹基地。反辐射导弹亦称反雷达导弹。美国的反辐射导弹在全球导弹武器中处于领先地位,首次运用于实战是在越南战争中,美国用"百舌鸟"第一代反辐射空地导弹攻击越南的高炮阵地和苏制SA—2地空导弹阵地,使越南地面防空雷达及操作人员遭受不小损失,越南击落一架美机平均要发射150枚地空导弹。"哈姆"属第三代反辐射空地导弹,弹长4.17米,弹径250毫米,翼展1.13米,射程大于20千米,发射重量362千克,采用双推力固体火箭发动机和被动雷达导引头。1986年美国用A—7E和F／A—18飞机,向利比亚先后发射了大约36枚"哈姆"反辐射空地导弹,摧毁了利比亚的SA—2、SA—3、SA—J等地空导弹阵地,使多种雷达瘫痪不能工作。

当天夜里23点15分，从"珊瑚海"号航母上起飞的2架A－6攻击机，又击沉1艘从班加西驶出的利比亚导弹巡逻艇。25日凌晨1点54分，2架从"萨拉托加"号航母上起飞的A－7攻击机又将利比亚刚刚换上的1座新制导雷达站摧毁。几小时后，1枚"鱼叉"导弹又击沉利比亚1艘导弹巡逻艇。美军舰队在锡德拉湾的这次作战行动共击沉利比亚导弹艇5艘，摧毁了利比亚导

◎美军携载导弹的F－18战机

弹阵地的主要设施，利军死伤约150人，而美军却无一人伤亡。27日16点，美军舰只安全撤离锡德拉湾。

美国与利比亚之间的对抗还远没有结束。美军对利比亚采取的大获全胜的"草原烈火"作战行动，是教训利比亚的第一步。随着对抗升级，一个代号为"黄金峡谷"的更大的空袭计划，已在涌动和生长。

美军扬兵锡德拉湾，也着实深深地激怒了利比亚人，举国上下反美情绪高涨。卡扎菲更是扬言："利比亚将用鲜血、生命和它拥有的一切来维护锡德拉湾的主权。"的黎波里电台则号召利比亚人去袭击美国在全世界的基地和使馆人员。

◎E—2C"鹰眼"舰载预警机

1986年4月2日，湛蓝的天空如洗，1架美国的白色波音707民航飞机舒展两翼，在午后温暖如春的阳光里，和着发动机的旋律在爱奥尼亚海的上空飞舞，正从意大利首都罗马飞往希腊首都雅典。就在乘客们为机身下秀丽的海滨景色所陶醉之时，突然一声巨响，这趟804航班当空爆炸，死亡4人，重伤9人，死亡者均系美国人。1986年4月5日，西柏林一夜总会被炸，当中有不少美国驻西柏林军事基地的工作人员。伤亡共155人，45名是美国军人。尽管惨案发生后，卡扎菲发表声明说利比亚与其无关，而且有2个地下组织声明是他们

◎1986年，美国总统里根在美国飞机轰炸利比亚后不久在白宫向全国发表广播电视讲话（右图）；利比亚领导人卡扎菲1986年3月28日在一次反美群众集会上讲话（左图）

◎美军执行"黄金峡谷"空袭计划

干的，但美国一口咬定这两起恐怖活动是利比亚卡扎菲指使所为。

1986年4月9日，美国总统里根再次召集会议，决定再次作出军事反应，对利比亚军事目标实施代号"黄金峡谷"的第二次空袭。为此，决策层提出了三个空袭原则。一是重点打击军事目标，惩罚卡扎菲，最好通过轰炸除掉卡扎菲这一眼中钉，肉中刺；二是最大限度地减少美军的伤亡；三是尽量避免毁伤目标周围平民的房屋和人员。为此，参谋长联席会议选定了5个重要轰炸目标，其中3个在首都的黎波里，包括阿普皮耶兵营、军用机场和西迪比拉尔港；2个在班加西，包括"民众国"兵营和贝西纳军用机场。

空袭时间定在夜间。因为，美参谋长联席会议主席克劳上将认为，卡扎菲夜间睡觉时挨炸的可能性更大，而且夜间可以减少平民伤亡，再则利比亚飞行员夜间一般不

能起飞作战。当然夜袭对实现打击目标具有有利一面的同时，夜间的军事行动本身也具有很大的困难和危险性。

迷惑敌人，隐蔽企图，是战场上的一贯作战法则。美国在具体作战行动展开前，故意散布一种信息，说是美国制定了一个连续向利比亚发起3个冲击波的1小时作战计划。按照这个计划，美国将袭击利比亚境内30多个目标。这些目标不仅有军事设施，还包括油田、炼油厂和输油管道等经济设施，以及广播电台、电视台、电信局等通信设施。与此同时，美军还组织实施了一些军事佯动：在地中海的"萨拉托加"号航空母舰驶回母港，"美国"号和"珊瑚海"号航空母舰撤到"死亡线"以北活动，给利比亚一种错觉。这种假信息使得利比亚无法进行有针对性的作战防御性部署。

在这些迷雾的掩盖下，美军加紧调整作战部署，调集了自越南战争以来最大的兵力。4月13日，美向部署在英国的军事基地增派10架KC—10型空中加油机，向塞浦路斯派去30架F—4战斗机；美国"企业"号航空母舰由印度洋驶入阿拉伯湾，准备支援第6舰队；驻南欧各地美军也转入战备状态。

从军事实力上看，利比亚也是可以有所作为的。当时，利比亚的武装部队共有73000人，其中陆军有58000人，装备有包括30辆最先进的T—72坦克在内的各型坦克

◎美军的F—4战斗机

2500辆，另有各类装甲战车3000余辆，火炮1500门；海军共约6500人，有6艘潜艇，25艘导弹快艇；空军约有8500人，有各型飞机700余架。从防空方面来看，利比亚的实力也十分可观，除了陆、空军拥有数百部导弹发射架和3000余枚导弹外，空军还拥有幻影式和米格式歼击机500多架，其中有50架世界一流的米格－25战斗机。米格－25战斗机的最大特长是速度快，它的最大速度超过了音速的3倍。在世界航空史上，除了美国的SR－71侦察机能够达到这个速度外，至今尚无一种飞机在速度上能够与之相匹敌。

◎利比亚首都的黎波里遭到空袭后的情景

1986年4月14日19点13分，"黄金峡谷"作战总指挥，美国海军第6舰队司令凯尔索中将，从地中海中部水域"科罗拉多"号旗舰上向参战的美国海、空军部队下达了作战命令："'黄金峡谷'行动现在开始。"

美军部署在英国的F—111型歼击轰炸机24架，其配置激光制导炸弹、大型空中加油机KC—1018架和KC—135型加油机30架、EF—111型电子干扰机5架，分别从伦敦附近机场升空起飞，扑向了茫茫的夜空。这是第二次世界大战以后在英国上空集结的最大规模的空袭机群。从地理位置上说，北约离利比亚最近的国家是南欧的意大利和

◎美军KC－135空中加油机

◎美军F—14 "雄猫" 超音速舰载多用途重型战斗机

西班牙，意大利的美军基地离的黎波里只有300千米，美国在西班牙有1个海军基地和3个空军基地，但这两个国家都以担心恐怖活动升级为由，拒绝美国利用这些基地攻击利比亚。为此，美机只好绕道直布罗陀海峡飞行近10000余千米，进入地中海，中途需空中加油4次。

5小时后，地中海第6舰队的各型攻击机包括A—6型、A—7型攻击机，F—14和F—18战斗机等舰载攻击机26架，EA—6B电子干扰机14架和2架 "鹰眼" 预警机E—2C，以及海上搜索救护直升机和其他支援飞机100余架，从 "美国" 号与 "珊瑚海" 号航空母舰上先后升空。

时至15日1点53分，两个方向的海、空军飞机，14种机型150多架飞机、在距利比亚海岸约500千米的地中海中部水域上空会合，组成有攻击机、战斗机、战斗轰炸机、电子战飞机、预警机、侦察机、反潜机、加油机、搜索救护直升机及其他支援飞机的诸军兵种多机型的空中作战集群。

15日凌晨1点54分，联合空中作战集群进一步完成空中协调，F—111战斗轰炸机对机上的轰炸系统进行了攻击前的最后一次检查。此时，预定攻击的目标无任何异常。随后，空中作战集群分成两路，4架EF—111电子战飞机和14架EA—6A电子战飞机一马当先，率先对利比亚实施强电子干扰，当即使利比亚的无线电通信中断，防空雷达失灵。与此同时，6架F—18战斗机向的黎波里和利比亚的第2大城市班加西附

◎美军装备的F—22飞机

近的防空雷达站连续发射了50枚"百舌鸟"和"哈姆"高速反辐射导弹，利军的5座雷达站在爆炸声中被夷为平地，剩下的只好关机休战。由于通过电子干扰机对利军雷达进行干扰和用哈姆高速反雷达导弹对敌雷达进行破坏，敌防空雷达系统完全丧失效用。米格飞机不能起飞，导弹不能发射，一时间，利比亚的防空体系处于瘫痪状态。

15日凌晨2点，担任主攻的F—111战斗轰炸机和A—6攻击机准时对的黎波里和班加西的5个预定目标发起攻击。

霎时间，的黎波里和班加西的爆炸声接连不断，火光冲天。

在的黎波里，16架F—111战斗轰炸机以每小时870千米的速度和60米的超低空飞行高度掠过利比亚的海岸线，分3个编队扑向各自的目标。第1编队8架F—111向卡扎菲的指挥部及其下榻处—阿普皮耶兵营各投掷了4枚2000磅GBU—10激光制导炸弹；第2编队3架F—111向被认为是"恐怖分子训练中心"的西迪比拉尔港兵营各投掷了4枚GBU—10激光制导炸弹；第3编队5架F—111向的黎波里机场军用区各投掷了12枚500磅GBU—12激光制导炸弹。

在班加西，14架A—6舰载攻击机同时对两个预定目标发起攻击。从"珊瑚海"号航空母舰上起飞的8架A—6攻击机向贝尼纳空军基地倾泻了数十枚500磅MK—82炸弹和MK—20集束炸弹。 从"美国"号航母上起飞的6架A—6攻击机则用500磅MK—82炸弹， 使卡扎菲的预备指挥所"民众国"兵营陷入一片火海之中。

飞机尖利的呼啸声和炸弹猛烈的爆炸声把沉睡的利比亚人从梦中惊醒。

"飞机为什么不起飞？" 利比亚总部向空军基地发出质问。

"雷达受到强烈干扰，导弹无法发射。" 导弹基地指挥所收到下面的报告。

"打，没有雷达也给我打！" 基地指挥官握着话筒大声咆哮。

奉命行事的利比亚防空部队将一枚枚失去雷达引导的地空导弹射向空中，结果可想而知。喷着火焰的萨姆导弹在夜空中划出一道道明亮、绚丽的弧线，然而却没有1枚能够命中目标。

◎美军RC—135战略电子侦察机

部署在的黎波里和班加西周围的所有利比亚高炮也一起对天空怒吼起来，将半个天空打成了红色。 终于，一架向阿普皮耶兵营俯冲投弹的F—111被利高射炮火击中爆炸，掉进大海，死2人。这是此次战斗中利比亚军队获得的唯一战果。

2点12分，美机群完成预定攻击任务，150多架飞机很快消逝在茫茫的夜空中，踏上返航归途。

整个空袭仅仅用了12分钟，共投下各种导弹和精确制导炸弹100多吨，5个选定目标全部被摧毁，炸毁利比亚各型飞机14

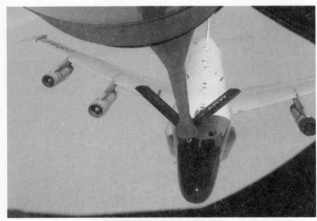
◎RC—135战略电子侦察机正在空中加油

架，摧毁利比亚防空雷达站5座，炸死炸伤700余人，严重摧毁了位于阿普皮耶兵营的卡扎菲住所与指挥部，卡扎菲1岁半的养女汉娜被炸死，两个儿子被炸伤，卡扎菲却侥幸大难不死。2个机场、1个港口和1个训练基地被摧毁。整个行动计划周密，统一指挥，动用了当时最先进的反辐射导弹和激光制导炸弹等精确制导武器，第一次把争夺制海权、制空权和制电磁权集中一体，这些都充分展现出现代战争以导弹攻击为主导的战争特点。

知识链接：

　　"黄金峡谷"行动中，突击能力最强的是担负空袭作战主角的F—111战斗轰炸机。F—111是由美国著名的通用动力公司于1961年研制成功的世界上第一种实用型变后掠翼战斗轰炸机。它机身两侧各装有1台大功率涡扇发动机，这使得它的最大飞行速度达到2.2倍的音速，最大作战半径达2400千米。它的突击威力也是无与伦比的，除了装1门20毫米6管机炮外，它的机身弹舱和机翼下的8个外挂点可载弹8250公斤。它最早在战场上抛头露面是在越南战争中，曾因攻击效果好和损失率低而闻名于世。在越战中，F—111共出动4030架次，仅损失6架。

第**四**章

地中海上导弹兵对阵

　　随着导弹技术在海洋兵器的渗透和运用，海上导弹兵开始成为了制海的"撒手锏"力量。　在亚洲的中东、印巴，导弹兵们通过一次次的战争摩擦，证明了导弹在制海权上的关键作用。

最早的海上舰对舰导弹战

　　随着导弹技术向海洋兵器的渗透和运用，海上导弹兵开始成为了制海的"撒手锏"力量。

　　最早的海上舰对舰的导弹战发生在第三次中东战争期间。

　　1967年6月上旬的一天下午17点许，天气晴朗，以色列"艾拉特"号驱逐舰在例行巡逻，航行在埃及塞得港以北35千米的西奈半岛海面上，目的是监视埃及海军动向。它没有任何空中掩护，单舰活动。它为配合以色列对埃及、叙利亚的空袭，派来塞得港外，威胁埃、叙海军。当时，埃、叙海军因为失去空中保护只得规避在塞得港内。"艾拉特"号驱逐舰舰大、炮火威力强，从不把埃、叙海军舰艇放在眼里，它大模大样在塞得港口外面进行巡逻。以色列"艾拉特"号驱逐舰的活动早已被埃及的海岸雷达和通信站发现，并准确地测定了"艾拉特"号的位置和各项运动要素的参数，埃及导弹快艇在迅速隐蔽占领作战阵位后，作好了对"艾拉特"号展开导弹攻击的一切准备工作。

　　大约下午17点半，忽然，一道耀眼的白色光焰，由苏伊士运河北端埃及港口塞得港方向，紧贴海面向"艾拉特"高速飞来。直到距"艾拉特"号右侧80多米时，才发现它是一枚导弹。舰长见势不妙，慌忙下令改变航向，避开发光物体飞来的方位，加足马力全速航行，规避导弹袭击。可是，来袭导弹紧紧盯着。"艾拉特"号舰长下令舰炮开火，舰上144毫米主炮、40毫米舰炮一齐向来袭导弹开火。一时间，西奈半岛

◎英国研制的近程舰空"海猫"导弹

的北海岸舰炮粗声狂吼，可是，来袭导弹不断改变方位，一会儿跑成"之"字形，一会儿又成"N"字形，喷焰吐雷呼啸着冲向军舰，无论舰艇发射的炮弹，还是机枪射出的子弹，都未能击中导弹。这是隐蔽在塞得港防波堤内的埃及"马尔"级导弹艇，向"艾拉特"号驱逐舰发射的一枚苏制SS—N—2"冥河"式舰对舰巡航导弹。

导弹艇小，别称"蚊子"艇，由鱼雷快艇改装而成，是当时最早的导弹艇。"轰"地一声巨响，第一枚导弹飞行70秒钟后击中"艾拉特"驱逐舰的上层建筑，在锅炉舱爆炸。大约过了两分钟，第二枚导弹又以同样的方式风驰电掣地飞向"艾拉特"击中机舱。军舰中部即刻蔓延起熊熊烈火，舰艇的主机马上被毁，主机停转，海水涌进内舱，顷刻失去机动能力，舰体急剧倾斜，其航行能力和战斗力随之消失，"艾拉特"号舰上无线电设备遭到破坏，与基地的无线电联络中断。以军官兵在震惊之余，全力进行抢救、抢修，但终归无效。"艾拉特"似乎变成无依无靠的"孤儿"，只得在咆哮的浪涛中随波逐流，游移漂荡……。一个半小时后，"艾拉特"号勉强与指挥部取得了联系。

19时30分，埃及导弹艇指挥员将原来目标"艾拉特"号误判为新目标，再次向该舰发射2枚导弹。一枚命中"艾拉特"号驱逐舰的后甲板，舰体进水，致使舰体缓缓竖起，不久，舰体几乎成直立状态，舰艇随后开始下沉，威名远扬的"艾拉特"

驱逐舰舰长现出了异常无奈而又恐惧的神情，只好下令弃舰，任凭其没进海底，于是，舰艇成员纷纷跳入水中或跃上救生筏和小艇逃生，其中有两名多年与"艾拉特"为伍的伙计，用他们那只有在此刻才有而难以表述的神态深情地注视着"艾拉特"，不忍马上离去。然而，就在以色列官兵彼此争

◎苏联海军装备"冥河"反舰导弹的"黄蜂Ⅱ"级导弹艇

取救生工具时，第四枚导弹又飞临人群，毫不留情地在"艾拉特"的中部开了花。霎时，炸死45人，数十人受伤，惊天动地的爆炸声、此起彼伏的呼救和叫喊声响成一片……

这就是当时震惊世界的"艾拉特"事件，小小的导弹快艇击沉了驱逐舰这样的庞然大物，无不让人惊叹不已，这也就难怪当时各国军界、舆论界会掀起一场轩然大波，这是海战史上首次导弹艇击沉军舰的战例，它也显示了导弹艇具有小艇打大舰的作战效能。虽然"蚊子"吃掉了"艾拉特"，但最终三个阿拉伯国家遭受了巨大的损失，以色列在这次战争中占领的土地是它战前的4倍。这无疑为第四次中东战争埋下了新的导火索。

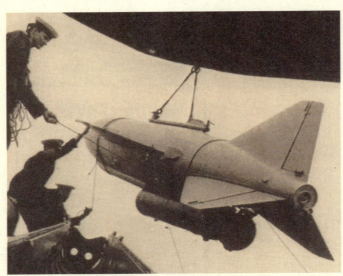

◎前苏联"冥河"短程战术反舰导弹

18天的导弹战

1973年10月6日—24日，埃及、叙利亚与以色列之间爆发了为期18天的战争。这是以色列与阿拉伯国家之间发生的第四次中东战争。亦称"十月战争"或"斋月战争"、"赎罪日战争"。

这次战争的目的是收复第三次中东战争中被以色列占领的土地。为此，埃及和叙利亚两国进行了长达6年的军事准备。

以色列从第三次中东战争中积极总结经验和教训。自从"埃拉特"号驱逐舰被击沉后，西方国家和以色列加紧研究对抗导弹的措施，以色列更是拨巨款研制反舰导弹，性能优良的"迦伯列"很快被研制出来。"迦伯列"导弹于1968年装备在"萨尔"2型快艇上，并很快运用于战场。该导弹长3.35米，弹径0.34米，飞行速度0.65马赫，最大射程18千米，以色列还从美、英等国进口了电子对抗设备，即电子干扰火箭弹，并将"迦伯列"导弹和电子对抗设备安装在从法国进口的"萨尔"级导弹快艇上进行反复研究，演练对付"冥河"导弹的措施和战术。对于以色列军演这些情况，埃及和叙利亚两国军队没有丝毫发觉，他们又从苏联购进多艘"黄蜂"级和"蚊子"级导弹艇，试图用老办法夺取海战的新胜利。事易时移，而等待它们的将是更大的失败。

1973年10月6日，是以色列人的传统赎罪节。下午，埃及和叙利亚两国军队从西（西奈半岛）、北（戈兰高地）两线同时向以军发动了突然进攻，第四次中东战争正式爆发。

西线埃军先头部队在地面炮火和空军支援下，强渡运河成功。随后埃军8万人通过运河，突破了巴列夫防线，继而收复西奈第二大城市坎塔腊。埃军击退了以军装甲部队的3次反扑，控制了运河以东10至15千米的地区。北线叙军以3个师的兵力于埃军发动进攻的同一时刻，在空军掩护下，在戈兰高地分3路向以军阵地发动全面攻击并突破以军防线，包围了戈兰高地重镇库奈塔腊，最远处向前推进了35千米。

以军为了改变两线作战的不利局面，决定先稳住叙以战线，解除对以色列本土的威胁，然后集中力量对付埃及。10日西线埃军停止进攻。以军抓住这一战机，在北线集中约10万人的兵力对叙军实施猛烈反突击，突破叙军阵地，叙军被迫退出戈兰高地。随即以军越过1967年停火线，进犯到离叙首都约30千米地区，并沉重打击了援叙的伊拉克和约旦的装甲部队，掌握了北线战场主动权。13日埃军又发起进攻后，以军增援西线，双方在运河东岸展开了一场大规模的坦克交战，埃军作战失利。15日，以军发现西岸埃军两个军团的结合部防卫薄弱且后方空虚，立即派出一支装甲特遣队偷渡到运河西岸，摧毁了埃军的地空导弹阵地和高炮阵地，后续过河部队沿运河向南开展进攻。埃军西岸兵力不足，东岸部队不敢调回，处境十分被动。24日以军完成了对苏伊士城、埃军第三军团的包围。阿拉伯国家在战局不利的形势下，与以色列达成停火。

第四次中东战争在政治上是一次冲击，打破了阿以关系的僵局。战后双方开始就用土地换和平的可能性举行了谈判。它在军事上则显示出战争的导弹—电子时代的到来。

这次阿以战争，中东地区战云密布，到处战火纷飞、硝烟滚滚。时间很短，但影响举世瞩目，它引起了世界各国的军事界和军事科学界专家的广泛注目。

战争双方，分别使用了当时苏、美最先进的战术导弹，其中包括地空导弹、空空导弹、空地导弹、舰对地导弹、反坦克导弹、反舰导弹和电视制导炸弹。埃及配备了反坦克导弹发射架850部、各种苏式防空导弹发射架880部和萨姆—7导弹约2000枚；叙利亚则配置了各型防空导弹发射架360部和反坦克导弹发射架350部和萨姆—7导弹1000枚。埃、叙两国军队分别有苏制导弹艇20艘和6艘，装备"冥河"导弹，主要有苏制地对空导弹萨姆系列和萨格尔系列反坦克导弹，33—N—2A"冥沙"舰对舰导弹等。以色列不但使用了美制的"小牛"、"百灵鸟"空对地导弹、"麻雀"、"响尾蛇"、"蜻蜓"空对空导弹及反雷达导弹、"陶"式反坦克导弹和"红星眼"电视制导炸弹，而且还使用了苏联、法国和西德的导弹。以军广泛使用了装备有反坦克导弹的直升机，装备有1艘"莱谢夫"级导弹艇。法国造"萨尔"级导弹艇4艘，标准排水量220吨，满载排水量250吨，航速45节，导

◎俄罗斯机载AT—6型（萨格尔）反坦克导弹

弹发射架8具或6具，自造"萨尔—4"（雷舍夫）型导弹艇，标准排水量415吨，经济航速32节，导弹发射架7具，共13艘，均载自制"迦伯列"反舰导弹，"迦伯列"导弹的射程为2～22千米。

战争刚刚拉开帷幕，反坦克导弹就声威大振。整个战争中损失的3000多辆坦克中有70%是被反坦克导弹击毁的。埃军曾歼灭以军第190装甲旅，击毁M—60坦克100辆，在国际上引起较大的轰动。此次战争以色列共损失坦克850辆，阿拉伯一方则损失2200辆，特别是以军在直升机上的"陶"式反坦克导弹，击毁埃军大量坦克，显示了强大威力。

随后展开的阿以海上导弹战，使精确制导的导弹武器崭露头角，使人们建立了导弹战的概念，也充分显示了电子对抗在导弹战中的重要地位和作用。

阿以双方共损失600多架飞机（阿方440架，以方200架），其中约有57%是被红外制导或雷达制导的空对空导弹击落的。在海战中，埃、叙军舰艇共有140艘，以军只有40艘，以军用导弹艇发射"迦伯列"反舰导弹，击毁对方10艘舰艇，夺得了制海权。

1973年10月6日夜，以色列展开了主动进攻的态势。5艘导弹艇和2艘载有4架直升机的登陆舰组成混合突击群，在无线电静默下利用暗夜的良好战场条件，从海法港出发驶入叙利亚领海，分两个战术群从西北和西南两个方向，准备对拉塔基亚港突击。导弹艇负责对敌舰实施主攻，直升机则担任侦察、校正射击、进行辅助突击和施放干扰物质，并为模拟水上目标实施了低空低速飞行。

叙利亚海军则以逸待劳，隐蔽在自家港口待机迎敌。

以色列的第1战术群由2艘"萨尔"级导弹艇突击群编成。它们在距海岸25海里处被叙利亚担任近程巡逻的1艘雷达警戒艇和1艘扫雷舰发现，并报告了海军指挥所。以色列导弹艇迅速接近，在导弹射程范围内用导弹击沉了这2艘叙利亚舰艇。叙利亚3艘导弹艇从13—19海里外向以色列导弹艇发射"冥河"导弹7枚，早有防备的以色列导弹艇迅速向导弹来袭方向发射远、近程锡箔火箭弹。只见在远处一阵爆炸过后，闪闪发亮的锡箔形成一片金属丝"云雾"，欺骗来袭导弹的制导雷达。与此同时，以色列导弹艇还采取机动规避和速射炮拦截等措施，使"冥河"导弹或偏离预定目标，或者被速射火炮击毁。然后，以色列导弹艇编队高速向东南方向前进，搜索发射导弹的叙利亚导弹艇编队。第2天0点45分，以色列导弹艇集结后向西南方向撤出，安全返回海法基地，第一阶段的作战暂告结束。

以色列的第2战术群由3艘"萨尔"级导弹艇和4架直升机混合编成。10月7日夜至8日凌晨，埃及岸基雷达发现直升机，但把它们误作快艇。埃及从亚历山大港派出4艘"黄蜂"级导弹艇组成突击群，驶向塞得港，准备向敌人实施导弹突击。埃及导弹艇为了伪装成渔船，以12节的速度沿海岸接敌。不久，以色列海军截获了埃及导弹艇从亚历山大港移向塞得港的电报讯息。以色列海军立即进入战斗状态，迅速组成了由6艘"萨尔"级导弹艇的编队，从海法港启航，出海向西搜索，23点时，双方雷达在相距30海里时均发现了对方，并开始接敌机动，进行着战斗前的准备。10月9日0点15分，埃及导弹艇与以色列导弹艇相距24海里。埃及导弹艇指挥员果断下达了作战命令，12枚"冥河"导弹电闪雷鸣般飞向以色列导弹艇，以色列导弹艇发射锡

◎俄罗斯反坦克导弹发射车载AT—5型（萨格尔）反坦克导弹

箔弹进行欺骗干扰，埃军的导弹偏移目标，纷纷落入大海，无一命中。艇上雷达屏上的4个目标亮点全部消失，埃及导弹艇见势不妙，赶快转向后撤，以24节速度向基地岸炮掩护区撤退返航。以色列导弹艇在规避埃及导弹后，在直升机的导引下，对埃及的导弹艇以30节的速度进行追击，紧追不舍，一步步逼近，直到相距10.8海里时，舰上指挥员指挥操作手，展开了导弹攻击，对它们发射了6枚"迦伯列"导弹。瞬间，埃及3艘"黄蜂"级导弹艇被击毁沉没，仅仅1艘为躲避炮火而冲上了海岸，结果被直升机击伤，而以色列海军导弹艇则无一损伤。这时是10月9日凌晨三点。之后，以色列导弹艇又侵入叙利亚的拉塔基亚港外，用"迦伯列"导弹击沉2艘叙利亚导弹艇和3艘外籍商船，当天夜里，以色列导弹编队乘胜前进，在塔尔图斯外海又击沉叙利亚2艘导弹艇，以色列导弹艇则全身而退，未有丝毫损失。

然而，以色列舰艇在随后返回己岸的途中，被塞得港海域巡逻的埃及导弹艇发现，埃及导弹艇在最大射程20海里上发射了3枚导弹，击沉了以色列1艘导弹艇。

10月16日凌晨，以色列由3艘导弹艇和1艘鱼雷艇组成的快艇突击群。在阿布其尔海湾发现两个敌人目标，便开始接近它们，准备突击。但是，埃及的导弹艇也发现了它们，并发挥射程远的优势，首先在最大射程上发射5枚导弹，击沉以色列导弹艇2艘和鱼雷艇1艘。剩下的1艘以色列导弹艇以1枚导弹击中了埃及的1艘导弹艇，中弹引起的火灾被艇员迅速扑灭。

埃及海军共有导弹艇20艘，其中只有8艘参加了地中海的战斗行动。它们通常由2艘艇编成一个战术群进行活动。在驶向战斗巡逻地域时，都实行严格的无线电静默，并以12节的速度沿海岸航行，以模拟渔船的行动。海军指挥所根据侦察和海岸雷达的情报引导导弹艇对目标实施突击。

埃军导弹艇上的雷达通常可在20—27海里的距离上发现以色列快艇。导弹射程一般为11—20海里，以齐射的方式发射，每次齐射2—4枚。齐射间隔长，有时长达10分钟以上。齐射后在"迦伯列"导弹射程之外进行撤退。但这样也并不一定能保证安全。因为埃及导弹艇由于维护不周而达不到24节以上的速度，所以巡航速度在30节以上的以色列导弹艇常常会追上它们，并对它们进行导弹突击或火炮突击。

第四次中东战争中，阿以海上导弹大战，是历史上第一次导弹艇对导弹艇的海上作战，是有史以来第一次有电子干扰并成功拦截来袭导弹的作战实例，从此海战进入导弹电子战时代，世界海战史开始揭开新的一页。

三强海上角力

俄罗斯的SS—N—2"冥河"导弹，法国的"飞鱼"导弹及美国的"斯拉姆"和"战斧"海射导弹一时被人们视为最强势的海上导弹武器系统。

SS—N—2冥河导弹属于近程亚音速飞航式舰舰导弹，分有A、B、C三种型号，代号分别为SS—N—2A、SS—N—2B和SS—N—2C。1959年装备部队，曾向十几个国家出口并多次用于实战。"冥河"导弹除俄罗斯自己装备外，还随同载弹快艇出口到欧亚几十个国家。在第三次中东战争中，埃及用它击沉以色列多艘军舰，1971年的印巴战争中，"冥河"导弹也取得了13发12中的战绩。"冥河"A型弹是该种导弹的基本型，弹长6.25—6.50米，弹径0.67米，翼展2.4米，巡航速度0.9马赫，巡航高度100—300米，射程9.2—42千米,弹头重500千克,采用自动驾驶仪加主动雷达末制导。弹体似小飞机，导弹由导轨式发射架实施发射。从"冥河"在海战中的第一声巨响，"SS—N—2"已进行过多次改进，由2型发展到24型，成为反舰导弹最庞大的一族。"冥河"导弹战斗部威力大，是"SS—N"系列的一个突出特点。其中"SS—N—19""船毁"导弹是苏联研制的远程舰舰导弹，射程可达500千米。1979年开始装备苏联海军战列舰和巡洋舰，是世界上第一个飞行马赫数大于2.5、巡航高度仅70米，可掠海飞行。该导弹是针对美国的航空母舰研制的导弹，战斗部装1000千克高爆炸药，或者装35万吨当量TNT的核战斗部，采用中段惯性制导加末段主动雷达或被动红外寻的的制导方式，弹上还带有"敌情图"装置自主制导。单枚命中即可击沉或重创一艘大型水面舰只。

　　"飞鱼"导弹是法国研制的亚音速近程掠海飞行的反舰导弹，1972年开始服役。其最大标准射程42千米，由简易惯导和主动雷达寻的进行组合制导，携带半穿甲爆破式战斗部，采用触发延时和近炸双重引信，用于反舰作战。"飞鱼"导弹已发展成为多个型号，可以潜射、舰射、岸射和空射，除法国自己装备以外，还出口英国、德国等几十个国家。该型导弹多次参加实战，马岛战争阿根廷空军使用"飞鱼"导弹击沉英国"谢菲尔德"号驱逐舰和重创"格拉摩根"驱逐舰之后，"飞鱼"导弹价格暴涨，每枚急增至100万美元，几十个国家的订单飞往法兰西，一时间成为国际军火市场上的抢手货。此外，在两伊战争和海湾战争中也曾被使用，取得显著的作战效果，实际统计的可靠性和命中率均高于相应设计值，分别高达93%和95%。它的小型化、抗电子干扰能力和掠海飞行能力及可靠性能令世人刮目相看。

　　"战斧"和"斯拉姆"当属反舰导弹中的两颗新星，多用途、远射程和高精度使其占据了较大的优势。

◎俄罗斯的"冥河"导弹

美国的"战斧"导弹是美国研制的多用途巡航导弹，至今已经发展了18种不同型号，可从陆、海、空多种平台上发射，既可以携带常规弹头，又可以携带核弹头。"战斧"对陆攻击潜射核导弹于1984年开始服役，其最大标准射程为2500千米，依据不同地形其巡航高度在8～150米，最大巡航速度0.72马赫。有很高的命中精度,命中精度一般在30米左右，携带核弹头威力约20万吨TNT的核当量。"战斧"常规巡航导弹的最大标准射程分别有556千米、875千米和1300千米几个系列，携带高爆穿甲战斗部或常规

◎法国"飞鱼"导弹

◎美军装备的"战斧"巡航导弹

子母战斗部，有很高的命中精度和可靠性，据实战统计分析，命中精度小于10米，可靠性大于88%。常规型主要用于攻击陆上严密设防的高价值目标或海上水面舰艇与航空母舰编队。

"战斧"巡航导弹在海湾战争中和科索沃战争中曾被大量使用，1991年1月17日凌晨，位于红海的"圣哈辛托"号导弹巡洋舰上的导弹兵按下了战争的电钮，向伊拉克首都巴格达发射了第一枚"战斧"式巡航导弹，从而拉开了举世震惊的海湾战争的帷幕。1998年12月17日零点49分，美游弋于波斯湾的海军舰艇，再次向伊拉克疯狂地打出了导弹。72个小时内，就有425枚"战斧"导弹越洋跨海上千千米，直扑以巴格达为核心的120个重要目标，使伊拉克方面雪上加霜。导弹的冲击波震荡了北约，震惊了俄罗斯，引起世界哗然。

"斯拉姆"导弹是美国于1986年开始研制的一种防区外空对地导弹，是在空射"捕鲸叉"导弹的基础上发展起来的。该型号导弹采用GPS辅助惯性制导和红外成像末制导，爆破侵彻制导战斗部。该型导弹的弹长为4.5米，弹径为0.343米，最大速度为0.75马赫，最大射程为100千米。海湾战争中曾使用7枚这种导弹，击中目标4枚，其中一枚是从前一枚的炸洞中进入伊拉克的目标内部后爆炸。

导弹艇远程奔袭

　　印度和巴基斯坦之间的战争开始于1971年11月21日，历时两周。战前，印度海军有72艘舰艇，其中包括8艘苏制"黄蜂"级导弹艇，战斗准备较充分；巴方有舰艇30艘，没有导弹艇和反舰导弹。

　　1971年12月4日14点，印度正式宣布对巴基斯坦实施海上封锁。

　　为消灭巴方作战舰艇，并对其沿海军事目标进行突击，印度海军准备实施两次奔袭战，用水面舰艇来进攻卡拉奇海军基地。12月4日夜，印度飞机轰炸了卡拉奇附近的各个机场，使卡拉奇海军基地和港口失去空中掩护。

　　12月5日凌晨，印度对卡拉奇港实施了第一次奇袭战。印度突击群由2艘护卫舰和3艘导弹艇编成。突击群实施了无线电静默和伪装，占领了出发阵位。根据计划，由导弹艇以舰对舰导弹对巴基斯坦舰艇实施攻击；护卫舰担任海上掩护和对岸进行辅助性炮击；还安排了与空军的协同。护卫舰在距海岸约20海里处漂泊，导弹艇以低速前进，使巴方观察所迷惑不解。

　　为了识别目标并查明其类别，巴海军基地派出了正在担任巡逻的1艘驱逐舰。印度先头导弹艇发现了这艘驱逐舰，发射2枚导弹将其击沉。另1艘导弹艇击毁了巴方1艘扫雷艇。接着，印度导弹艇又驶近海岸，对卡拉奇港发射了2枚导弹。不久，印度护卫舰高速抵近卡拉奇港，对基地内的设施和军舰进行射击，击伤巴方扫雷艇1艘。随后，印军突击群安全撤离。

12月9日，印度海军对巴海军进行了第二次奇袭。这次突击兵力包括2个突击群。第1突击群由2艘护卫舰和4艘导弹艇组成。他们对卡拉奇的石油库发射了4枚导弹，并对基地进行了炮击。第2突击群由巡洋舰、驱逐舰和护卫舰组成。他们沿巴方海岸行驶，并对许多军事目标进行了炮击。这一次突击，使巴方34个油库中有12个被击后焚毁，岸上军事设施受损，4艘巴基斯坦商船和1艘英国商船被击伤。印度舰艇没有受到损失。

在这两次海战中，导弹艇成为印度的主要突击兵力，舰对舰导弹成为主要的海战武器，而巴方却没有有效的防导弹兵器和电子战手段。印度导弹艇共发射13枚苏制"冥河"导弹，12枚命中，击沉巴方驱逐舰"开伯尔"号，击伤其同型舰"巴德尔"号，击沉扫雷艇"穆罕菲兹"M163，炸毁卡拉奇的油罐3座。印度导弹艇没有受到损失，损失了1艘从英国进口的"库克利"号反潜巡防舰。

◎美军装备的"斯拉姆"导弹

导弹兵 "利剑出鞘" 6分钟

1982年6月9日，以色列突然出动近百架飞机，在E—2C预警机的引导下，利用电子干扰飞机的强大干扰效果，先期使用 "百舌鸟" 和 "标准" 反辐射导弹、"响尾蛇" 空空导弹，对叙利亚部署在贝卡谷地的萨姆—6防空导弹阵地发动了一次闪电般空袭，仅用6分钟就一举摧毁叙利亚19个阵地，同时击落叙军飞机29架。

以色列人心中长长舒了口气，总算解了隐在心头近10年的恶气。

话还得从第四次中东战争即斋月战争说起。

1973年10月6日赎罪日，以色列士兵正饥肠辘辘地守斋戒。大约下午2点，埃及和叙利亚趁此良机，对以军控制的西奈半岛和戈兰高地发起突然袭击。以色列被打得措手不及，战局极端被动，无耐之下，以色列又一次亮起了他的撒手锏力量，试图扭转乾坤。所有空军紧急起飞投入作战。然而，再也没有出现往日的辉煌，所有空军都在苏制萨姆导弹的攻击下败下阵来。在第一波袭击叙利亚首都大马士革的8架以军飞机中，只有1架勉强飞回了以色列，可谓吃尽了苦头。仅开战头几天，以色列空军就损失过半。

遭受重大损失的以色列空军及时总结了教训，改变了战术，改进了装备，把大约30％的战斗机装备了新式的电子干扰设备，其中部分飞机配备了 "百舌鸟" 反雷达导弹、红外假目标投放弃和ALQ—119干扰吊舱，改装了12架幻影飞机作为电子对抗飞机。同时，以军攻击的重点也从对方的机场转为地空导弹阵地。以色列飞机从20—30

米的超低空接近防空导弹阵地，然后猛地
拉起并改变航向，在2300米到4500米高度转
向导弹阵地，实施大角度俯冲攻击，并在
一定距离上发射"百舌鸟"反辐射导弹，
摧毁萨姆导弹的制导雷达。为了对付防空
导弹的攻击，以色列空军还派出直升机担
任警戒，负责发现敌方发射的导弹，通知
攻击飞机及时进行规避导弹的机动，并施
放干扰材料，使导弹脱离正常飞行轨迹。
在攻击机群到达目标前1—1.5分钟，以色
列的无人驾驶飞机便在攻击目标上空投放
干扰包，施放有源干扰。此外，以色列空
军还投掷了大量不同程度的金属片，干扰
阿方的防空雷达；在空中投掷高热照明

◎美国从战舰上正在发射的标准型导弹

弹、高热气球或燃烧着的镁，干扰导弹的红外热寻的系统。以色列空军采取的这些措
施果然有效。在对埃及导弹阵地实施的6次大规模突击中，以色列空军摧毁了苏伊士
运河西岸埃军46个导弹阵地；在对叙利亚导弹阵地连续数天的突击中，摧毁了戈兰高
地战线叙利亚导弹阵地的一半，迫使叙利亚将剩余的导弹撤回到大马士革周围。

　　无论如何，这次战争以色列损失了140多架飞机，占其空军的三分之一，还是吃
了大亏，这也成为以色列难以忘怀的心结。导弹兵和"萨姆"导弹成为了以军心中可
怕的梦魇。

　　为此，美国和以色列科学家积极寻求应对之策，研究对付"萨姆"导弹的有效方
法。美国通过各种渠道，从埃及得到了梦寐以求的萨姆—6导弹及相关设备。很快，
一种针对萨姆—6导弹的新型电子干扰设备问世了。1979年，美国将这种干扰设备提
供给了以色列。与此同时，以色列无所不能的情报机构"摩萨德"在获取萨姆－6导
弹情报方面也取得重大突破，他们弄到了萨姆—6导弹的几乎所有技术情报资料。

　　1981年4月，叙利亚的萨姆—6导弹刚刚在贝卡谷地安家，就被以色列获悉。以
军立即派出1架"猛犬"式无人驾驶飞机飞往贝卡谷地进行实地侦察。"猛犬"是以
色列自行研制的一种新型无人驾驶飞机，主要用于光学照相侦察。它体积小，机动灵
活，其雷达有效反射面仅为0.1平方米，很不容易被发现。不过，这架"猛犬"刚一

接近贝卡谷地，还是被叙利亚的雷达捕捉住，还未等它完成使命，就被叙军的萨姆—6导弹击中。损失1架无人驾驶飞机，对以色列来说无足轻重，重要的是他们获取了具有重大价值的情报。他们发现了萨姆—6的工作方法及叙军新雷达的性能和工作方法。为了进一步证实已获得的情报，又一架"猛犬"被派往贝卡谷地。这一次，"猛犬"不仅顺利完成了使命，而且还成功躲过2枚萨姆—6导弹的攻击。"猛犬"这次出击的成功，让以色列人欣喜若狂，他们感到已经找到了对付萨姆—6导弹的秘诀。从这以后，直至空袭贝卡谷地前大约1年的时间内，以军频繁地派出无人机飞到贝卡谷地上空，窥测叙军的秘密，从而对叙军的防空配系了如指掌。

得到所需的情报资料后，以色列空军组织了多次大规模模拟演习，它严格按照入侵黎巴嫩的"加利利和平行动"作战计划，模拟攻击了叙军设在黎境内的防空阵地。每次演习过后，以军都根据演习中发现的问题，不断地修改补充作战预案，从而使作战预案更趋完善和周密。经过1年多时间的精心策划和紧锣密鼓的准备，以色列万事俱备，只欠东风。

而尝到萨姆—6导弹甜头的叙利亚，更是对萨姆导弹推崇至极，萨姆导弹无疑是叙利亚人心中可靠的保护伞。一时间，萨姆导弹成了叙利亚的"军中骄子"。为了建立起更严密的"萨姆屏障"，叙利亚投入了更多的精力和钱财去装备萨姆导弹，地空导弹兵部队得到了大幅发展。几乎国防预算的75％都用在了地对空防御体系上，仅8年时间，萨姆导弹连的数量增加了3倍。对萨姆导弹的信任、依赖开始转成一种盲目的崇拜，这一切也把他们自己诱入了歧途，并为后来的贝卡谷的惨败埋下了伏笔。

1982年4、5月间，两伊战火纷飞，英阿两国在马岛也打得难解难分。全世界的眼球似乎都被这两处战火所吸引，以色列人暗自庆幸上天终于给予了他们挽回失败颜面的战机。

6月6日，以色列蓄谋已久的"加利利和平行动"计划付诸实施。以军先头部队4个旅共2万人悍然越过以黎边境，气势汹汹地向黎巴嫩南部地区推进。以色列名义上是打着消灭驻在黎巴嫩境内的巴勒斯坦游击队的旗号，实际上，让以色列人恨之入骨的叙利亚贝卡谷地的萨姆—6导弹阵地，才是以军预定的重要目标。

贝卡谷地是黎巴嫩东部靠近叙利亚边境地区的一块南北走向的狭长的谷地，谷地两侧高山连绵，地势险要，历来是兵家必争之地。驻黎叙军除在贝鲁特市和贝鲁特至大马士革公路沿线部署了部分地面部队外，叙军地面部队主力和防空部队都部署在贝卡谷地以及与谷地相平行的黎叙边界线附近叙利亚一侧境内。

为了迷惑叙利亚，以色列通过多种渠道表达出一种信息，表示以军的主要目标是消灭巴勒斯坦游击队，而不是同叙利亚打仗，只要叙利亚不参战，以色列绝不会攻击叙军。叙利亚轻信了以色列人。然而，事实证明这不过是一个缓兵之计。

仅仅事隔3天，6月9日14点14分，贝卡谷地的叙军防空指挥部突然发现以色列空军飞机，贝卡谷地拉响了凄厉的紧急战斗警报。叙军导弹兵指挥官和士兵飞快地奔向自己的战斗岗位，密切注视着天空。随着指挥员一声令下，各导弹阵位迅速捕捉目标实施发射，萨姆—6导弹相继发射，山谷里红光闪闪。以色列"飞机"接二连三地被击中、坠地。然而击落的实际上是加装了雷达波增强器的"火蜂"和"猛犬"无人驾驶飞机，飞临叙军导弹阵地上空，诱使叙军萨姆－6导弹的制导雷达开机。

以军部署在黎巴嫩西海岸上空的美制E—2C"鹰眼"预警机截获了叙军防空导弹阵地的警戒雷达、火控雷达和导弹制导系统的电磁波信号，并通报给了正在空中待命的F—15、F—16突击机群和以军地面指挥中心。这两种战斗机是70年代美国为了争夺空中优势而研制出来的，其速度和火力都超过了阿拉伯国家使用的苏制米格－21和米格－23战斗机。F—4"鬼怪"式战斗机和A—4飞机载着沉重的激光制导炸弹，也慢慢腾腾地飞上了天，它们的任务是实施低空轰炸。以军飞机迅速飞抵贝卡谷地，沿着叙军导弹制导雷达的波束，发射"百舌鸟"反雷达导弹，准确无误地摧毁萨姆－6的制导雷达，使萨姆－6顿时变成"瞎子"。

埋伏在贝卡谷地西南部黎巴顿山脉背面山脚下的大量"狼"式地对地导弹。各种机载反辐射导弹、激光制导炸弹，尖叫着冲向预定目标，喷气机大声吼叫着，与爆炸声交汇在一起，撼天动地。片刻工夫，贝卡谷地已被团团烟雾所笼罩。

以军飞机的第一攻击波刚过，第二攻击波接踵而至。不待叙军稍稍喘息，黑压压的机群又在天边出现，第3攻击波又来了……贝卡谷地瞬间变成了血与火的海洋。可怜叙利亚人苦心经营10年、耗资20亿美元才建立起来的19个苏制"萨姆—6"防空导弹阵地、228枚导弹，在6分钟之内面目全非。

当夜，叙军又向贝卡谷地增派了4个"萨姆—6"导弹连和3个更先进的"萨姆—8"导弹连，趁着夜暗，绕过弹坑和飞机残骸进入贝卡谷地，并连夜布置好了导弹阵地。天一亮，以空军再次出战，92架飞机一阵狂轰滥炸，新部署的7个导弹连又荡然无存。叙利亚出动52架飞机迎战，以军再次以强电磁干扰使叙军雷达失灵，52架飞机和7个导弹连无一幸免，而以军则全身而退，大获全胜，令全世界瞠目结舌。6月11日，叙利亚宣布停战。

◎原苏联装备的米格—23"鞭挞者"号战斗机

贝卡谷地之战，叙军19个"萨姆"—6导弹基地在6分钟内被以色列毁于一旦，充分反映了导弹兵作为高技术战争中的主要作战力量，对作战进程起到的至关重要的作用。

导弹战作为一种新的作战样式，已经充斥在现代战争整个作战进程中，并且成为战场上火力打击及准确摧毁目标的主要手段。导弹兵作战有几个主要特点：

一是导弹兵战场空间范围广。导弹武器射程远、可打击的目标种类多。因此，导弹兵作战改变了人们多年来所形成的对战场的前方与后方、纵深与腹地的认识，使战场的空间范围广阔。以往的战争，由于武器装备战术、技术性能的局限和制约，使战争的立体空间、战场的幅员是很有限的。通常只限于大气层以下，水下300米以上的空间。但是随着各种导弹武器在战争中的使用，战场的前后方界限模糊起来，远程打击的"远战"、"非接触性作战"等作战方式应运而生。

二是导弹兵战场电子斗争异常激烈。导弹武器攻击目标时绝大多数情况下离不开电子制导信息。因此，对其进行不间断的电子干扰和摧毁，以阻止导弹武器攻击目标，是导弹兵作战的重要组成部分，这种"电子+火力"的作战行动使导弹兵之间的电子战斗争异常激烈。

三是导弹兵作战行动转换加快。导弹武器可以从远距离上发射，不但发射平台能快速机动，导弹兵的指挥、控制和快速反应能力强，而且其打击精度高和飞行速度也很快，使导弹兵的作战行动的突然性大大地增加，作战行动节奏明显加快。

◎ "铺路爪"导弹预警雷达

知识链接：

　　"标准"导弹是美国研制的一种全天候、全空域、中远程舰载防空导弹武器系统，是目前世界上性能最先进、装备数量最多的舰载防空导弹。由于地球表面大部分是海洋，因而"标准"导弹也是世界上机动范围最广的防空导弹。"标准"导弹主要用于对付各种来袭的高性能飞机、飞航导弹和战术弹道导弹，1968年开始服役。标准导弹经过多次改进，已发展成拥有16个系列的"标准"导弹家族，通常担负航空母舰编队的区域防空任务。"标准"Ⅱ导弹射程137～180千米，速度3马赫，携带破片式杀伤战斗部，采用无线电近炸引信和触发引信，破片击中目标后还有助燃作用。单发对飞机和反舰巡航导弹的命中概率达80%以上，双发几乎可达100%。一个单航母编队计有212～282枚标准导弹。

　　巡航速度在航空界的定义，一般把适宜于持续进行的，接近于定常飞行的飞行状态称之为巡航。在此状态下的参数称为巡航参数，如巡航高度、巡航推力等等。巡航速度也是专机的巡航参数之一。巡航状态不是唯一的，每次飞行的巡航状态都取决于许多因素，如气象条件、装载、飞行距离、经济性等等。

第五章

掠海攻坚英阿导弹兵尽显风流

　　1982年的南大西洋，英国和阿根廷为争夺马尔维纳斯群岛（马尔维纳斯群岛位于南美大陆南端，英国称之为福克兰群岛）的主权，发生了一场战争。这场战争从4月2日一直打到6月14日，历时74天。

　　马岛战争是第二次世界大战以来首次爆发的一场具有现代高技术战争特点的海空"导弹战"。在这场战争中，首次运用了岸舰导弹和空舰导弹。英阿双方都动用了现代化水平较高、装备精良的多种导弹武器，使南大西洋的这场战争成为导弹武器的对抗战。

英国"谢菲尔德"的悲壮沉没

◎航母编队作战

◎"标准"型中程舰空导弹

　　1982年5月4日上午，英国"谢菲尔德"号驱逐舰远离马岛以东的主力舰队，在没有空中掩护的情况下，单独到马岛东南方向担任雷达哨舰。

　　当时，阿方陆基TPS—43雷达正将英舰队的精确定位信息传给飞机。在高空有"天鹰"和"幻影"飞机作佯动，吸引英舰队雷达的注意力。而一架位于马岛西南方向的"海王星"巡逻机来引导这次攻击。它给载有AM—39"飞鱼"导弹的"超军旗"飞机提供了目标方位，并命令其进行跃升机动和俯冲攻击。两架"超军旗"战斗机在"海王星"巡逻机的引导下，借助乌云掩护，以30米低空飞行接近目标。飞机距目标180千米时，突然跃升到几千尺高空，打开机

◎英国"谢菲尔德"级战舰

载雷达搜索目标。驾驶员在荧光屏上发现了60来个亮点和两个相距较远的亮点，认定了目标，于是飞机再次降高到15米飞向目标。

在距目标30—40千米时，飞机第二次爬到150米，用机上雷达搜索和跟踪目标。两架飞机各向一个目标发射一枚导弹。发射后，飞机立即以低空返航。

其中一枚"飞鱼"导弹攻击的目标是英国"罗思赛"级护卫舰"普利茅斯"号。该舰提前40秒发现了这枚"飞鱼"导弹，及时发射干扰火箭，避免了损失。

另一枚导弹攻击的目标是英国42级驱逐舰"谢菲尔德"号。该舰1971年6月下水，1975年2月服役。标准排水量为3500吨，满载排水量4100吨。舰长125米，宽14.3米，航速29节。装有号称世界第一流的火力系统和电子战系统。对空探测距离达400千米，对低空目标可提前2分钟预警。"海标枪"舰对空导弹的射程为40—8千米。但当时，该舰正利用"天网"卫星通信系统与伦敦通话。为避免干扰，舰上的警戒雷达没有开机。因而没有发现来袭的飞机和导弹。当时，特混舰队的电子支援设备截获了阿方飞机的雷达信号，但不能确定是"超军旗"还是"幻影"飞机。于是舰队发射了箔条干扰火箭，但没有奏效。

直到导弹离舰还有一两千米时，即提前6秒钟，舰上才发现导弹袭来。该舰舰长萨姆·索尔姆说："我只来得及喊一声'隐蔽'，3秒之后，导弹便以每小时几百英里的速度打来了。"这枚导弹击中了"谢菲尔德"号驱逐舰的右舷中部，由于导弹穿到了主油舱，加强了火势。很快周围墙上的油漆、电线的绝缘体、松木等起火，使舰体的三分之一陷入火海。军舰失去自救能力和机动能力。

由于火势无法控制，弹药舱和导弹舱已被大火包围，随时有爆炸的危险。舰员们都在上甲板的严寒中待了5个小时，于是舰长下令弃舰。2小时之后，救援直升机去时，只见整个中央部位成了一团呼啸着的火焰。

以后舰队又派"阿罗湖"号护卫舰前去救火。到5

◎第三代幻影2000—5轻型战斗机中较先进的机型

◎目前美军战机相位阵列雷达是全世界最先进的机载雷达系统，可以全天候实施侦察

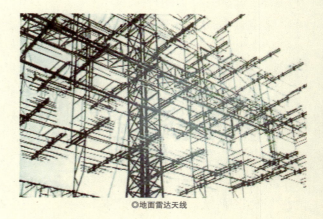
◎地面雷达天线

月10日，舰上的火被控制然后熄灭。由英舰将该舰拖到禁区之外，交给拖船。但海上风急浪高，海水从右舷被导弹穿破的大洞涌入舰体，拖船不得不砍断缆绳，眼睁睁地看着它沉入海底。

　　一架飞机发射一枚价值百万美元的导弹，竟能将价值几个亿的导弹驱逐舰送入海底，一时让世人倍感惊诧。

　　奇怪的是击中"谢菲尔德"和后来击中另两艘舰只的"飞鱼"导弹都没有爆炸。

　　　知识链接：

　　马岛战争：1982年，英国和阿根廷围绕马尔维纳斯群岛的主权问题爆发了一场持续74天的战争，史称马岛战争。马尔维纳斯群岛，也称福克兰群岛，位于靠近南美洲大陆的大西洋洋面上，是南大西洋通往太平洋的战略要地。它由346个大小岛屿组成，面积1.28万平方千米。马岛之战，以阿根廷的失败而告终。阿军阵亡1000余人，损失舰船11艘、飞机117架。英军亡255人，损失舰船16艘、飞机34架。马岛战争是二次大战以来首次爆发的一场具有相当规模的真正海空战，英阿双方都动用了现代化水平较高、装备精良的多种导弹武器，战争中，双方都有一些成功使用精确制导武器的例子。第一次使用岸舰导弹和空舰导弹都发生在这场战争中，使得这场战争真正成为一场具有"导弹战"特点的现代化战争。

英国"大西洋运输者"号集装箱船被击沉经过

在"谢菲尔德"号被击沉之后,阿方又扬言要击沉英国航空母舰。英舰队也采取了一系列防范措施。两艘航空母舰经常神出鬼没地活动在远海,在阿方飞机的航程之外,与各舰多用直升机联系,以减少被阿机发现的可能。一遇空袭就发射干扰火箭、并关闭水密门和舱口盖。阿方多次派侦察机四处搜寻,终于发现了航空母舰,并跟踪了15天,直到航空母舰进入了"超军旗"飞机的航程和导弹射程之内。

5月25日下午16点30分,两架"超军旗"飞机从里奥格朗德基地起飞,由C—130飞机提供航向指示并进入跃升机动、俯冲攻击的命令。

"超军旗"飞机以30米低空飞向目标区。在距目标80—100千米时,飞机爬升并用雷达搜索目标,发现了一个大型目标,即"赫姆斯"号航空母舰,周围还有一些不大的舰艇。英舰队也发现了阿方飞机。随之飞机又降至15米高度,迅速接近目标。当离目标50—60千米时,飞机再度爬升重新搜索到目标。为了尽快脱离英方的杀伤区,两架飞机在扑捉到目标6秒钟,即距目标45千米处,便分别向同一目标"赫姆斯"航空母舰发射了AM—39"飞鱼"导弹。而后,飞机便以超低空返回。

当时处于戒备状态的英国特混舰队发现了来袭的飞机和导弹,就从舰艇上和

◎美国生产的C—130飞机

升空的直升飞机上，施放了大量电子干扰材料，利用"乌鸦座"诱饵弹沿导弹弹道施放箔条云，对导弹造成了强大干扰，于是两枚导弹都受到干扰而偏离了攻击方向。一枚导弹迷航自毁；另一枚导弹冲出干扰云，击中了航空母舰右后方4海里处的"大西洋运输者"号集装箱船，该船被击中，但导弹战斗部没有爆炸，船体穿了一个比导弹直径大四倍的洞，引起大火。当晚船员弃船，一周后连同其上的三架"支奴干"重型直升机和一个中队的六架"威赛克斯"型直升机一起沉没，只有一架直升机在舰中弹之后立即起飞，死里逃生。

英方施放电子干扰，成功地保护了航空母舰

　　5月30日下午2点30分，阿根廷飞机在马岛以东90海里水域，向英国"无敌"号航空母舰发动了攻击。大批"天鹰"攻击机组成佯动群诱使英国12架舰载"鹞"式飞机远离航空母舰。然后两架"超军旗"飞机和4架"天鹰"式、3架"幻影"式飞机组成的突击群低空接近英舰队，协同攻击"无敌"号。阿根廷两架"超军旗"飞机用最后两枚AM—39"飞鱼"导弹进行攻击，接着其他飞机乘机而入，向该舰投了炸弹。英舰队施放了干扰火箭，舰艇并没有被击中。两枚"飞鱼"导弹，一枚偏离目标，另一枚"飞鱼"导弹被英国"大刀"级护卫舰用"海狼"导弹击落。

◎美国的"支奴干"直升机

英国"格拉摩根"轻巡洋舰受伤经过

◎美国生产的"标准"导弹

"格拉摩根"号属于英国"郡"级轻巡洋舰。1964年7月下水，1966年10月服役，标准排水量5440吨。满载排水量6200吨。舰长158米，宽16.5米，航速30节，定员471人。

6月12日，阿根廷用车载MM—38"飞鱼"导弹，向在斯坦利港正对阿军阵地炮击的英国"格拉摩根"号轻型巡洋舰突击，共发射了四枚导弹。

当来袭的这枚导弹距舰还有30千米时，被舰上的雷达发现，并由电子支援设备准确地识别出是一枚"飞鱼"导弹，赢得了70秒的反应时间。于是该舰立即加速向右转向规避导弹；同时用

"乌鸦座"发射两枚诱饵弹布设干扰云，对导弹进行消极牵引干扰。使三枚导弹失效，由于干扰火箭发射得太少又太晚，干扰云没有覆盖住，一枚"飞鱼"击中该舰尾部造成轻伤，仍能航行。火箭发动机引起直升机着火，直升机平台和机库遭到破坏，9人死亡，17人不同程度受伤。

知识链接：

"飞鱼"反舰导弹，由法国宇航公司生产，弹长5.78米，弹径0.35米，弹重855千克，巡航速度0.93马赫，最大射程为70千米。1982年的英阿马岛海战中，"飞鱼"导弹的威力得到了充分的证明。而水面舰艇似乎又那么不经打，一枚"飞鱼"导弹就击沉了一艘英国42型导弹驱逐舰，从而给人们一种印象：水面舰艇似乎一夜之间变成了导弹的靶子。

"超军旗"攻击机是法国达索飞机公司生产的舰载攻击机，是60年代"军旗"IVM攻击机的改进型，1978年开始装备法国海军。该机机长14.31米，翼展9.6米（外翼折起7.8米），机高3.86米。装有一台非加力型8K—50涡喷发动机，额定推力5000公斤。最大飞行时速1204公里（低空），作战半径650公里，实用升限13700米，最大起飞重量12000公斤。

英军对阿舰船进行的反舰导弹战

4月25日，英军在攻占南乔治亚岛时，"山猫"直升机用一枚"大海鸥"空对舰导弹（射程15千米，重145公斤，战斗部重30公斤），击伤阿根廷一艘浮在水面上的潜艇"圣菲"号。该舰原为美国的"鲷鱼"号潜艇，1945年服役，1971年转卖给阿根廷。排水量为2420吨，长93.8米，宽8.3米，航速18节，定员84人。

英军"山猫"直升机用两枚"大海鸥"空对舰导弹，击沉击伤阿方巡逻艇（满载排水量700—800吨）各一艘，还击沉了一艘拖轮。

英军直升机用法制第一代AS—12空对舰导弹（射程11千米）击毁了阿方一艘军舰。

英军出动"海鹞"式

◎英国"长剑"防空导弹

◎1982年马岛战争中遭阿战机攻击沉没的英军护卫舰"羚羊号"

◎1982年马岛战争中遭阿战机攻击 沉没的英军护卫舰"热心号"

飞机用27枚超级"响尾蛇"导弹击落阿军24架飞机,发射水中导弹"虎鱼式"自导鱼雷击沉了阿根廷"贝尔格拉诺将军"号巡洋舰。

在圣卡洛斯港登陆阶段,英军使用60枚"长剑"地空导弹、"响尾蛇"空空导弹分别击落阿军飞机13架和24架,并顺利地登陆巩固了登陆场,完成了陆上进攻准备。

马岛之战,以阿根廷的失败而告终。在这场历时74天的战争中,阿军阵亡1000余人,伤1300多人,失踪数百人,被俘11800余人,损失飞机117架,被击沉巡洋舰1艘,潜艇1艘,侦察舰1艘,补给船2艘,巡逻艇1艘,被击伤军舰6艘。耗资32亿美

◎中国人民解放军051B型导弹驱逐舰

元。加上美国和欧共体经济制裁所造成直接、间接经济损失20多亿美元。战争中，英军死亡255人，伤777人，被俘210余人，损失飞机37架，其中"鹞"式8架，被击沉驱逐舰2艘、护卫舰3艘、登陆舰1艘、滚装货船1艘，被击伤驱逐舰4艘、护卫舰10艘、登陆舰2艘、扫雷舰1艘。耗资约17亿美元。

英阿马岛战争，是二次大战以来围绕领土主权爆发的第一场具有相当规模的真正海空战，也是一场具有"导弹战"特点的现代化战争。在这场战争中，英阿双方都动用了现代化水平较高、装备精良的多种导弹武器，展示了精确制导武器的使用给战争，主要是海战带来的变化。战争中，双方都有一些成功使用精确制导武器的例子，使南大西洋的这场战争成为导弹武器的对抗战。

战争中最突出的，是阿根廷海军航空兵用"飞鱼"导弹击沉了英国特混舰队的"谢菲尔德"号导弹驱逐舰，英国海军潜艇用"虎鱼"式鱼雷击沉了阿根廷海军的"贝尔格拉诺将军"号巡洋舰。精确制导武器的使用，使传统海战"大炮巨舰"的模式发生了变化。精确制导武器相对于被攻击目标，尤其是大型军舰来说价格低廉，但威力巨大，过去那种以军舰的吨位和火力大小作为衡量实力强弱的观念已经动摇；由于装有先进的目标探测装置和先进的射击指挥与制导系统，精确制导武器可以在看不

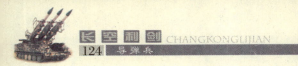
见的距离上对敌方目标实施准确攻击，海战的对抗形式发生了重要变化；由于精确制导武器最富有威胁的发射平台是飞机和潜艇，海战中防空和反潜已具有新的含义并变得更加突出和激烈，海战的内容变得更加丰富了。

知识链接：

导弹驱逐舰是以舰对舰导弹为主要武器对海上目标实施打击的中型水面攻击型战斗战舰。包括对海型、防空型、反潜型和多用途型等驱逐舰。一般排水量在3000—7000吨。其他武器装备有舰炮、高炮、对空导弹、反潜深水炸弹、鱼雷等，主要用以攻击敌水面舰船和潜艇，担负己方舰艇编队的防空、反潜，以及为大型舰队和运输船队护航、侦察、巡逻、警戒，支援登陆和抗登陆作战等。

第六章

导弹兵海湾大打出手

　　1991年1月17日—2月28日，以美国为首的多国部队对伊拉克展开了一场大规模的作战行动，作战历时42天，史称海湾战争。在这次战争中，导弹兵们可谓是大打出手，尤其是以美国为首的多国部队，简直把伊拉克变成了新型导弹武器的试验场……

"巴比伦雄狮"引火烧身

　　海湾是波斯湾的简称，位于西亚中部。海湾周边国家是世界石油的主要产区，战略地位十分突出。1990年8月2日，当地时间凌晨2点，在经过周密准备之后，伊拉克共和国卫队3个师越过伊科边界，突然大举进攻邻国科威特，同时，一支特种作战部队从海上对科威特市实施直升机突击。拂晓时分，东西对进的两支部队开始攻打市内

◎1991年，美国出兵海湾

目标。科威特埃米尔国王仓促中携部分
王室成员逃到附近美国军舰上。埃米尔
的胞弟法赫德亲王在保卫王宫的战斗
中阵亡。上午9点，伊军基本控制科威
特市。下午4点，伊军占领了科威特全
境，并进而宣布科威特编为伊拉克的一
个省。

◎海湾战争

伊拉克对科威特的公然军事入
侵，不仅使沙特阿拉伯等海湾国家的安
全受到威胁，而且使该地区局势急剧紧
张。该事件迅速引起全世界的极大震惊。联合国先后多次通过反对伊拉克入侵科威特
并对伊实施制裁的决议。反应最为强烈的当属在海湾地区具有巨大经济利益的以美国
为首的西方国家。8月2日和3日，美国总统布什主持召开国家安全委员会全体会议，
研究对策。会议最终决定，采取大规模军事部署行动，以迫使伊拉克撤军，并为必要
时采取军事打击行动做好准备。根据这一精神，负责中东地区防务的美军中央总部拟
定了"沙漠盾牌"行动计划。8月7日凌晨2点（美国东部时间），布什总统正式批准
了该计划。联合国授权对伊拉克实施军事打击后，以美国为主的西方国家部队迅速向
海湾大规模集结兵力。

1990年8月8日美国开始向海湾地区部署应急部队。拟用3至4个月时间（17周）部
署24万人的部队及其建制装备，以使该地区美军和其他出兵国家部队兵力达到同伊军
大致相抗衡的水平。首先在沙特的朱拜勒和宰赫兰一线部署快速反应部队和空中打击
力量，建立机动防御，采取"以空间换时间"战略，挡住伊军可能的进攻，保证后续
部队陆续抵达和部署。第二阶段将视形势发展继续增兵，以使兵力达到足以将伊军赶
出科威特的水平。美国与西方其他国家先后于11月8日和11月底完成了两个阶段的部
署。是时，美军在海湾地区的总兵力达到43万人，其中陆军26万人，海军5万人，空
军4万人，海军陆战队8万人。主要武器装备有：坦克1200辆，装甲车2000辆，作战飞
机1300架，直升机1500架，军舰100余艘。

面对美国和其他国家的出兵行动，伊拉克在军事上加紧了扩军备战，恢复和新建
24个师，使军队总兵力达到77个师、120万人。同时加强了科战区的兵力部署，按三
道防线共部署43个师，约54万人，坦克4280辆、火炮2800门、装甲输送车2800辆。

导弹兵非接触式精确打击

导弹武器作为一种高技术的集合体，在海湾战争中成为主打兵器。打击方式已不再以大规模毁伤为主，作战飞机携带射程上百至上千千米的导弹，在进入对方防空火网之前进行投弹，在破坏力相对降低的基础上，突出打击的精确性。由于导弹武器命中精度高，使现代战争打击目标由过去那种"地毯式"的饱和轰炸转化为"点穴式"打击，作战效能及效费比成倍提高。精打要害，结构破坏，成为高技术战争导弹战的一种新战法。

1991年1月17日凌晨，巴格达夜色苍茫，万籁俱寂。位于红海装备有"宙斯盾"指挥控制系统的"圣哈辛托"号导弹巡洋舰上，一枚"战斧"巡航导弹呼啸着划过漆黑的夜空，准确地指向通信中枢，以空袭为主要作战行动的"沙漠风暴"悄然拉开。

3点整，一枚枚巡航导弹拖着长长的尾焰划破漆黑的夜空，像长了眼睛似的，紧贴地面超低空飞行，忽高忽低，灵活地绕开障碍物，迂回着扑向伊拉克的政府大楼、国际机场、雷达站、导弹基地、生化武器工厂等战略要地和设施。爆炸声连绵不断，振聋发聩，许多地方大火冲天，浓烟弥漫。这是由空军第596轰炸机中队和海军"洛杉矶"级攻击型核潜艇、"密苏里"号和"威斯康"号战列舰、"提康德罗加"级导弹巡洋舰，以及"斯普鲁恩斯"级驱逐舰等战舰进行的战略空袭行动。

"沙漠风暴"行动的目的主要是瘫痪伊拉克国家指挥当局，以空中战局摧毁伊拉

◎美国M1A1型主战坦克

克重要军事目标和战争潜力，将伊拉克军队赶出科威特，帮助恢复科威特合法政府。整个作战过程分为四个阶段，即战略空袭、夺取制空权、空袭地面部队和地面进攻作战。空袭的基本模式是，由EF—111、EA—6B和EC—130H等电子战飞机先开辟通路，担负攻击任务的F—117、F—111DAEAF、A—6、A—10、AV—8B、F—15E、B—52等型飞机攻击各指定目标，F—14、F—15C、F—16和F—18等飞机则担负掩护任务，日出动量2000至3000架次。

　　战略空袭初期，重点攻击萨达姆指挥战争的重要指挥和控制中心，以及伊拉克进行战争所需的关键基础设施和伊军具有战略性反击能力的目标。随着时间的推移，空袭的重点逐次转向其他战略目标。进攻发起前，美陆军第101空中突击师的"阿帕奇"直升机，首先用"地狱火"导弹摧毁了伊拉克南部边界的2个预警雷达站，随后出动1架F—117隐形战斗机，用激光制导炸弹摧毁了伊南部的1个加固的防空作战指挥中心，为联军大批飞机深入伊拉克纵深实施战略空袭创造了条件。

◎美军F—117隐形战机

　　"战斧"和"斯拉姆"导弹在海湾战争中战功卓著。海湾战争第一天，所发射的头52枚"战斧"导弹中，有51枚准确地击中了目标，从美国侦察卫星在海湾战争中拍摄的图像清晰地看到，一枚"战斧"导弹准确地从伊拉克一个飞机库的大门钻进去，然后才爆炸！"斯拉姆"导弹采用末制导技术，在海湾战争中使用了7枚，击中目标4枚，其中一枚导弹奇迹般地从前一枚炸洞中进去后爆炸，精确打击作战样式跃然于现代战场。

　　在战略空袭期间，F—117A隐形战斗机、B—52战略轰炸机发射了不少空射巡航导弹。

　　F—117A隐形战斗机，利用其隐形性能，主要攻击防空严密的巴格达地区的战略目标，并在第一次攻击中，就用2000磅的激光制导炸弹，以直接命中的方法摧毁了伊拉克的通信大楼，随后又攻击了伊拉克一体化战略防空系统、机场上的飞机掩体、核生化武器设施、桥梁和"飞毛腿"导弹等。战争期间，F—117A隐形战斗机共出动1296架次，占全部出动架次的2%，却摧毁了战略目标总数中的40%的目标。

　　B—52战略轰炸机共出动1600多架次，其中954架次用于攻击战略目标。空袭第一日，7架B—52战略轰炸机从美国本土路易斯安那州巴克斯代尔空军基地起飞，经4次空中加油，连续飞行17.5小时，绕地球半圈(大约2.253万千米)，抵达伊拉克附近空域，于当地时间凌晨2点30分，向伊拉克纵深八个重要目标发射35枚AGM—86C空地巡航导弹，有效地摧毁了巴格达的军事通信设施和电厂的输电设施。这次飞行距离最远的作战使命，被称为"沙漠风暴"的"枪尖"。随后几天，B—52轰炸机又对伊拉克4个前沿机场，如萨勒曼机场、格拉莱桑机场、瓦迪希尔机场、穆代西斯机场进行了地毯式轰炸，瘫痪了伊拉克军队的指挥系统、削弱了伊拉克军队反击能力。战略空袭中，总计出动固定翼作战飞机18276架次，发射巡航导弹323枚，基本上摧毁了预定的战略目标。

1991年2月24日当地时间凌晨4时整，多国部队向伊军发起了大规模诸军兵种联合进攻，将海湾战争推向了最后阶段。多国部队首先在战线中部发起攻击，以吸引伊军统帅部注意力。随后，东西两端开始行动，以造成西端"关门"，东端"驱赶"之势。在这种情况下，担负主攻的美第七军发起决定性攻击，先向北，随后向东，歼击伊军主力部队。伊军在多国部队进攻面前进行了顽强抵抗，后逐渐向北和西方向撤退，并点燃了科威特油田的大量油井。28日晨，科威特城已全部被多国部队部队控

◎美国101空中突击师装备的"阿帕奇"武装直升机

◎开进伊拉克境内的美军坦克如入无人之境

制。鉴此，布什总统下达了当日当地时间8点暂时停火的命令。整个地面进攻历时100小时。

暂时停火以后，伊拉克表示接受美国提出的停火条件和愿意履行联合国安理会历次通过的有关各项决议。在此基础上，联合国安理会于4月3自以12票赞成、1票反对、2票弃权通过了海湾正式停火决议，即687号决议。海湾战争至此宣告结束。据战后统计，在这场战争中，伊拉克方面参战的43个师共有41个师被围歼或被重创失去战斗力，17.5万人被俘，死伤10万~15万人，3847辆坦克、1450辆装甲输送车、2917门火炮被击毁或缴获，被击沉或重创的舰艇57艘，107架飞机被击落、击毁或缴获。多国部队方面共有126人阵亡（其中美军74人），300余人受伤，被俘11人，损失作战飞机49架，损伤舰艇2艘。

知识链接：

AGM—86C "战斧"空射巡航导弹射程约1500千米，巡航高度7.62—15.24米，弹长6.325米，弹身高693毫米，弹身宽428毫米，弹翼展3.65米，尾翼展1.409米，命中精度9—18米，单发命中概率50%～90%，发射质量2吨，装涡轮风扇发动机，惯性加全球定位系统制导，末制导为大功率微波自导引，采用多种复合材料，以减少雷达散射面积。

导弹兵三度海湾再交锋

　　1991年的海湾战争，着实让伊拉克这个中东地区小霸权领教了美国这个大霸权的厉害。伊拉克接受了联合国的制裁，借此机会美国实实在在地把伊拉克的家底翻了个底朝天。任人摆布的滋味确实不好受，伊拉克也软磨硬泡不断设置障碍。这又不可避免地引发美、伊之间的新矛盾。

　　1993年，美、伊双方就伊拉克境内大规模杀伤性武器的核查问题陷入僵局，两国关系日趋紧张。

　　山姆大叔容不得伊拉克讨价还价。1993年1月17日这一天，美军终于又一次大开杀戒。部署在海湾的军舰，向巴格达以南约21千米处的一座与伊拉克核计划有关的工厂发射了45枚BGM—109C"战斧"巡舰导弹，其中失败1枚，飞行失控6枚，被伊军击落1枚，其余37枚全部命中目标。这次突袭使该核设施遭到重大破坏，并造成4人死亡，40多人受伤。

　　1993年6月27日，美国从部署在红海的一艘导弹驱逐舰和部署在波斯湾的一艘巡洋舰上，向位于巴格达市内曼苏尔区的伊拉克情报局总部大院内发射了24枚BGM—109C"战斧"巡航导弹。十分有趣的巧合是，同1993年1月17日一样，也有1枚发射失败，6枚飞行失控，1枚被伊军击落，共有16枚击中院内的8个目标。失控的"战斧"导弹中有3枚击中附近的居民区，炸毁37所住宅和30多辆汽车，造成5人死亡、4人受伤。美国这次袭击的主要目的，是为了惩罚伊拉克曾在1993年4月试图暗杀在科威特访问的美国前总统、海湾战争时的总统布什。

反正,美国人看伊拉克政府横竖也不顺眼,借大规模杀伤武器的问题,继续教训伊拉克是迟早的事。

1996年9月3日,美国空军两架B—52战略轰炸机从关岛起飞,向伊拉克首都巴格达地区和北纬33度以南的伊军防空设施发射了空射巡航导弹,停泊在海湾的两艘美国海军"夏洛"号巡洋舰发射了海射"战斧"巡航导弹,共计27枚。

1996年9月4日,美国在24小时内又对伊拉克进行了第二轮巡航导弹袭击。这次袭击由海军承担作战任务,部署在海湾的3艘导弹驱逐舰和1艘核潜艇上发射了17枚"战斧"巡航导弹,重点对前一天袭击中未被摧毁的伊军防空设施进行了补充打击。

三度海湾再交锋,由于力量对比超常悬殊,伊拉克只有招架之功,而无还手之力。

海湾战争是美军继第二次世界大战后,越南战争和朝鲜战争中惨遭失败以来,在多国部队支持与合作下,同时也由于广泛使用现代最先进的高技术武器装备,终于赢得了巨大的胜利。

整个战争,导弹兵始终唱着主角,演绎着现代战争导弹战快节奏、大强度、立体多维的新变化。最突出的表现为:导弹兵远程火力战成为战争的主要作战样式,远程点穴式的精确打击,直接实现某种战略或战役目的。其次,导弹兵非接触作战,使美军不会重蹈陷入战争泥潭的覆辙而难以脱身。再次,导弹兵实施空中导弹突击,不受时间和地域的局限,能快速实现战役目标。

第七章

危险的天空

　　1999年，以美国为首的北约军队对南联盟进行了一次空前的导弹大空袭。

　　导弹的尾焰一次次燃亮巴尔干的天空，灾难深重的巴尔干人民再一次被战争阴霾笼罩。

　　美国的"战斧"导弹发射腾起阵阵烟雾，F—117黑色幽灵般掠过长空，盼望新世纪到来的善良的人们陷入心灵困境。聆听战争恶魔穿梭于遥远的空际，使人们觉得春天的阳光因此也黯淡了许多。

事情还待从头说起

　　1999年3月24日，夜幕降临，战争正悄然临近。没有月光的夜晚，再加上灯火管制，天空静得怕人，不安的人们无奈地等待着第一声炮弹的轰鸣。

◎1999年北约轰炸南联盟

◎科索沃战争中执行任务的尼米兹级航空母舰

　　两天以前，美国特使霍尔布鲁克飞往南联盟首都贝尔格莱德，开始了被西方称为挽救和平的"最后一次努力"。23日中午以前的24小时之内，南联盟总统米洛舍维奇同他进行了两轮6个小时的会谈。南联盟拒绝在科索沃和平协议及维和部队的进驻等原则问题上做出任何让步。米洛舍维奇完全清楚美国及其北约盟友的意图，也知道他拒绝签订协议可能要遭到军事打击，但是他却对自己的立场没有丝毫的动摇。

　　几个小时后，北大西洋公约组织秘书长索拉纳，面无表情地下令北约军队空袭南联盟，空袭时间、地点和攻击目标都在电台和电视台做了报道。其实这一切早已由美国决定了，这位留着漂亮胡子的西班牙人在布鲁塞尔发表的声明，只不过是煞有介事地传达旨意而已。他在这个动武声明中留给塞尔维亚人一个最后的机会，只要接受让外国军队进驻科索沃的要求，他们就可以避免遭受轰炸。消息传来，塞尔维亚人没有恐慌，只有悲愤。

这是20世纪塞尔维亚人第三次接到最后通牒。前两次发生在两次世界大战中，最后通牒的发出者分别是奥匈帝国和纳粹德国。

◎南联盟全国有许多大型洞库、地下指挥所、掩蔽部及物资仓库等；高层的建筑物均有地下防空设施

大敌当前，南联盟举国上下同仇敌忾，国家机器有条不紊地从平时转入临战状态。重要装备得到疏散和转移，防空系统启动，军队开始征召预备役人员，一切进行得井然有序。

1999年3月24日的20点，成为了战争与和平的分界线，这时，正是大多数南斯拉夫千家万户坐在餐桌旁的时间，北约军队的导弹和炸弹就纷纷降落在科索沃首府普里什蒂纳这个30万人口城市的各个街区，也再一次炸痛了曾经经历过无数战争苦难的塞尔维亚人的心。

那天晚上天空很晴朗。路上几乎没有行人，也没有灯火，更没有过往的车辆，只有微风吹过，不时是呼啸而过的导弹划过夜空，飞向它必然要到达的目标，并摧毁它预定要摧毁的一切。导弹飞过嗖嗖的声音，这声音是渐行渐远，街上出现偶尔的行人，也都是忙忙碌碌的，显然每个人的脸上都带有一丝恐惧，也许有人会心存侥幸，但总归会有人在这种可怕的武器前瞬间粉身碎骨……

3月25日4点30分，市郊一家大型印刷厂中弹燃起大火，黑沉沉的夜空烈焰升腾，塞尔维亚人心中仇恨的火焰也在燃烧，和普里什蒂纳一样，南联盟境内多数遭到空袭的城市都显得相对平静。在空袭警报声中，大多数老百姓没有到防空掩体去，而是在自己家里守在电视机旁等待最新消息。几个主要电视台轮流播放歌颂祖国和军队的歌曲。播音员不时关照观众保持冷静，不要惊慌。塞尔维亚电视一台甚至播放了二战期间反德国法西斯战争的故事片。

　　美国为首的北约军队在3月24日夜的空袭中，南联盟8个城市或附近地区的军事目标遭到打击，它们是首都贝尔格莱德、波德戈里察、丹尼洛夫格勒、普里什蒂纳、库尔舒姆利亚、乌日采、诺锥萨德、潘切沃。据报道，首轮空袭中有10人被炸死，其中5人是平民，38人受伤，1人失踪。

　　南斯拉夫人民军对来犯之敌进行了英勇的还击。面对北约强大的空中优势，南联盟空军的战机依然升空作战，表现出无所畏惧的勇气，地面防空火力也进行了猛烈射击，但是却收效甚微。

◎南联盟被导弹炸毁的自由大桥

北约导弹兵的空袭行动

    在这次以美国为首的北约发起的对南联盟的空袭行动中，第一波次打击来自于游弋在亚得里亚海域的巡洋舰和B—52轰炸机，由空中发射"战斧"巡航导弹揭开了战争的序幕。

    "战斧"名字来源于美洲大陆上的原始居民印第安人的一种可以投掷的武器，在美国人的祖先们向西部拓荒的征途中，苦难的印第安人正是用这种原始的冷兵器顽强地抵抗着强大而凶残的入侵者。象征弱者反抗强者的"战斧"，从90年代起随着山姆大叔不断在世界各地飞舞的大棒而名扬天下，只不过此时的"战斧"已经成为了侵略的代名词。美国海军在第一轮攻击中共使用了约100枚"战斧"导弹，每枚价值100万美元。"战斧"

◎美军"战斧"导弹

巡航导弹由美国通用公司、波音公司生产，弹长6.25米，弹径0.52米，弹重1587.6千克，巡航速度可以达到每小时920千米。

"战斧"巡航导弹可超低空飞行，在对方雷达盲区之内，所以很难为对方发现，极易造成攻击的突然性。另外，采取有效隐身措施后，其雷达反射面积仅为0.05～0.1平方米，相当于一只小海鸥的反射能力。

巡航导弹攻击开始后，包括2架从美国本上起飞的B—2隐形轰炸机在内的北约70余架飞机接连从意大利的阿维亚苗、伊斯特拉纳、焦亚—德尔科莱等基地升空，对南联盟的50多个目标，其中有5个军营、5个机场和一些桥梁开始实施高强度的摧毁性轰炸。

◎美军"战斧"导弹发射起到了开路先锋的作用

北约针对南联盟的攻击力主要是460架作战飞机。其中美国有260架飞机，B—1、B—2、B—52三代战略轰炸机第一次联合作战，另外还包括F—117隐形战斗轰炸机、"徘徊者"式EA—6B电子战飞机、空中加油机和侦察机等。另外至少有6艘能发射巡航导弹的美国战舰，索拉纳称，参加第一次空袭行动的部队中有一半是美国的，一半是欧洲的。13个北约成员国参加了这次行动。包括比利时、英国、加拿大、丹麦、法国、德国、意大利、荷兰、挪威、葡萄牙、西班牙、土耳其和美国。其他6个未参加空袭的国家是希腊、冰岛、卢森堡和3个新加入的成员国波兰、捷克与匈牙利。

在首轮空袭中除了炸毁预定目标外，美国空军还与南联盟空军在空中狭路相逢，并展开了空战，技术决定战术，不难想象，电子对抗能力远不如美军的南联盟空军，恐怕很难有招架之力。果然，很快3架南联盟战机被北约飞机击落。其中两架米格—

◎美军B-2隐型轰炸机

29战机被美军F—15击中，另一架被荷兰空军的F－16击落，北约飞机全身而退，毫发无损。

25日，第二轮导弹袭击开始。停泊待命在亚泊里亚海上的美国军舰，根据指令发射了多枚"战斧"巡航导弹，集中打击了南联盟军队的防空系统、机场，并首次袭击了塞尔维亚地面部队的军营。一时间，空中飞机的轰鸣声，防空火力密集对空射击，地面的爆炸声此起彼伏，普里什蒂纳全城的电力供应也随之中断。

26日16点17分，一枚巡航导弹从美国军舰上腾空而起，标示了北约对南联盟目标的第三轮空袭开始。有了前两轮先期军事打击的基础，北约开始放心大胆地在白天对南联盟发起攻击。这轮空袭北约共出动飞机249架次，在波斯尼亚上空击落两架南联盟米格—29战机，俘虏了两名飞行员。美国空军装备的F—117隐形战斗机牛刀初试投入战斗，南联盟成为这种最先进隐形战机首开杀界的试验场。

27日15点40分，美国海军"菲律宾海"号巡洋舰向南联盟预定目标发射了一枚"战斧"巡航导弹；一小时后，美"冈萨雷斯"号驱逐舰又发射了一枚"战斧"导弹，北约对南联盟的第四轮空袭开始。下午17点，北约空军大批出动，主要目标是摧毁南联盟在防空作战中起很大作用的雷达和电站。霎时，11个地区传来惊天动地的爆炸声，贝尔格莱德市南部火光冲天，一个导弹燃料仓库被击中。距贝尔格莱德西南70千米的电视台中转站和科索沃第二大城市普里斯瑞思等地也被导弹击中。

战争还在继续。随着北约盟军司令克拉克一声令下，北约军队第二阶段空袭开始。作战的重心开始转移到南联盟军队的坦克和其他作战武器上。

28日夜北约第五轮也即第二阶段的第一波次攻击开始，空袭中北约动用了60余架战机，包括两架F—117隐形战斗机、18架F—16战斗机、25架F—15战斗机、6架EA—6B电子侦察机和两架A—10攻击机、4架法国幻影—2000型战斗轰炸机。从21点到次日4点15分，普里什蒂纳共遭到23次袭击。一夜之间，超过20枚导弹被投放在普里什蒂纳市，一枚巡航导弹击中了警察大楼和邻近的一座居民建筑。三枚炸弹击中供电设施，导致供电中断。

◎美国"艾森豪威尔"号航母上空的EA—6B电子战机

◎F—15是目前世界上第一流的制空战斗机。可携带4枚"响尾蛇"和4枚"麻雀"空空导弹，或8枚AIM—120C型空空导弹，机载电子设备性能好

◎F—16战斗机是轻型喷气战斗机，作战半径1370千米，可装载包括"响尾蛇"、"麻雀"、AIM—120C等多型号导弹

科索沃战争历时78天，北约总共出动飞机36000多架次，其中有10000多架次执行攻击任务，投掷和发射了23000余枚、13000多吨炸弹和导弹，平均每天257枚、167吨。

保存自己消灭敌人是亘古不变的战争法则。北约动用了当今世界几乎所有最先进的空中打击兵器，与北约这样一个由多个世界一流军事大国组成的强大的军事实体相比，南联盟军队显得那样弱小和无助。然而，针对北约规模浩大的空袭，南联盟人民军空军和防空部队运用机动灵活的战术组织了积极有效的防卫和对抗策略，有效地保存了部队战斗力，表现出一种勇敢和爱国的精神，受到世人一致认同。据战后统计，北约对南联盟军事目标的有效打击率仅为15%至20%。

◎科索沃战争第一周，北约出动飞机430架次，发射了400多枚巡航导弹

◎南联盟军队的150枚地对空导弹因被藏在北约飞机炸不着的地方基本完好无损

但战争难以避免地充满危险。现代战争都把打击对方政治、经济中心，交通枢纽和后勤目标，作为削弱敌人战争潜力的重要举措，但政治、经济中心，交通要道和后勤设施总是和社会交融在一起的，这就势必造成无辜平民的伤亡。仅在空袭的头几天，南斯拉夫就有1000多名平民死于轰炸。

F－117A巴尔干折戟沉沙

　　1999年3月28日是南联盟人民永远值得纪念的日子，同时也是美军最为悲哀的一天。

　　就在这一天，南联盟导弹兵防空部队用老式落后的苏制地空导弹，将美国最先进的F—117A隐身飞机击落，F—117A不可战胜的神话被打破。当晚21点左右，这架F—117A隐形战斗机在南联盟首都贝尔格莱德以西60千米处被击中，在贝尔格莱德市以西40千米处坠毁。美国有线电视新闻公司反复播放了这架战机残骸燃烧的景象。红红的火光和油烟中机头和机翼仍依稀可辨。

◎南联盟击落了包括F－117A和F－16在内的北约飞机61架，以及无人机30架、直升机7架、巡航导弹238枚，创造了以劣胜优的军事佳绩。

　　F—117A是世界上第一种隐形战斗机，也是美国最先进的战斗机之一。1991年的海湾战争中，无论是在"沙漠风暴"还是在"沙漠之狐"作战行动中，都战功卓著。45架F—117A在一个多月的飞行作战中，共执行1271架次投弹任务，投掷了大约2000吨精确制导炸弹，击中伊拉克2000多个目标，自己无一损伤，成为美空军的神话。

　　一架F—117A飞机价值约5000万美元。飞机被击落后，美军不惜代价派出两架武装直升机去抢救飞行员。然而，4月2日南联盟防空部队又击落一架F—117A隐形飞机。这一方面极大地鼓舞了南联盟军民抗击侵略的士气；另一方面，让北约和美国大为震动。

谁来结束战争

　　全世界反战声涌动。北约对南联盟的大规模空袭，并未得到联合国安理会的授权，公然违犯了联合国宪章，开创了一个极其危险的先例，空袭开始后，世界各国人民以各种方式遣责了这一非正义战争，反对战争的呼声一浪高过一浪，许多国家都爆发了反对北约空袭南联盟的游行示威活动。最让人愤怒的，是以美国为首的北约，于5月7日深夜向中国驻南斯拉夫的使馆发射了5枚导弹，炸毁使馆，炸死三人，炸伤多人。遭到全世界正义国家和人士谴责。

　　3月30日，俄罗斯总理普利马科夫来到战火中的贝尔格莱德，进行结束战争的尝试，南斯拉夫出现了一线和平的曙光。米洛舍维奇在与他进行长达6小时的会谈后，接受了普利马科夫提出的停火协议，内容是北约停止对南联盟的空袭，然后通过政治途径解决目前的危机。然而3月31日，北约发表声明，明确表示拒绝米洛舍维奇的停火协议，并称准备扩大对南联盟的轰炸规模，实行24小时不间断轰炸。北约对南联盟的空袭行动随即进入第三阶段。

　　随着战争的推延，难民问题也越来越引起欧洲国家的不安。科索沃难民总数已达到数十万。阿尔巴尼亚裔难民有大约2万从科索沃涌入阿尔巴尼亚北部，而且还有更多的难民正在途中，在此同时，战争的头5天，进入土耳其的难民人数已超过2500人。与此同时，世界各国包括北约各国在内的反战浪潮越来越高涨，鉴于全世界的反战呼声，北约不得不重新回到联合国的渠道和政治解决的道路上来，6月10日，联合国安理会以14票赞成、1票弃权（中国）的表决结果通过了由西方7国和俄罗斯提交的科索沃问题决议。表决之前，南联盟开始从科索沃撤军，北约宣布暂停对南的空袭。至此，北约对南联盟的空袭结束。6月20日，北约正式宣布结束对南轰炸。在这次战争中，南联盟军民不畏强暴，英勇抗战，击落了包括美国人自诩"击不落"的F—117A隐形战斗机在内的61架北约飞机，以及无人驾驶飞机30架、直升机7架、巡航导弹238枚。以美国为首的、拥有19个成员国的全球最大军事集团，经过78天的狂轰滥炸，使用了包括B—1B和B—2战略轰炸机在内的世界上最先进的武器，付出了约130亿美元的高额战费，竟不能使一个只有10万平方公里的小国屈服，使北约丢尽了脸面。

第**八**章

伊拉克战争导弹兵战场主沉浮

"外科手术式"的导弹空袭，成为伊拉克战争一种新的作战样式。

"外科手术式"是使用空中机动火力对敌纵深重要目标和关键部位实施突然袭击的一种火力作战样式。通常使用隐形飞机或其他空中攻击力量，在预警系统、电子战系统的配合下，突入敌防御纵深，使用机载攻击武器实施火力打击。其主要战术特点是作战行动隐蔽突然，大多采取夜战袭击；能够在敌意想不到的方向和地点给敌以致命的打击；作战的重点往往是对方具有战略战役意义和重要政治、经济价值的目标；袭击的目标通常选择在敌纵深地区和重点防御方向，对目标实施有限轰炸；空中指挥和控制实现指挥系统自动化；海军、空军各兵器和大机群的导弹协同作战。

"外科手术式"打击巡航导弹兵出尽风头

　　美国对伊拉克的突袭，不论是用来瘫痪伊拉克军事指挥中心、通信体系、交通枢纽，还是破坏其后勤和经济潜力，几乎每一次都以巡航导弹的"外科手术式"打击开

◎伊拉克战争中的美军运输机

局。以往那种在广阔的战场上，双方长时间厮杀的决战场面，已经成为历史。

美军对伊拉克的战争一开始，美军导弹兵从地中海和波斯湾的战舰上发射了一百多枚"战斧"式巡航导弹，飞行1000多千米后，准确地击中了巴格达及其附近的军事目标。

◎美军在为B—52挂载AGM—86C空射巡航导弹

◎伊拉克战争初期战略运输为战争开局进行后勤准备

当地时间1月16日6点30分，美国战略空军第596轰炸机中队的7架B—52战略轰炸机在晨曦中腾空而起，从美国本土的空军基地出发，向伊拉克方向飞去。战斗机群在大西洋和地中海上空经过空中加油后，继续长途奔袭，绕地球近半圈，飞行35小时，航程2万多千米，于17日2点30分到达预定的作战空域。随着领队比尔德空军中校的一声令下，在距离目标200千米以外，35枚常规型空射AGM—86C巡航导弹从7架飞机上陆续发射，向伊拉克8个重要目标——通信枢纽、预警中心、发电厂、电力输送网等飞去，约半小时后，以很高的命中精度，沉重打击了化学武器设施、发电厂、变电站以及高级领导人的指挥与控制设施等战略目标。

几乎与此同时，从游弋在波斯湾和红海的美国海军战列舰、巡洋舰、驱逐舰和潜艇上发射的首批52枚海射对陆常规型BGM—109C·D"战斧"巡航导弹，除1枚滞

◎BGM—109C "战斧"式巡航导弹

留于发射器成了哑弹外，全部命中包括伊拉克国防部大楼在内的伊方许多重要战略目标。在随后的作战中，海军15艘水面舰艇和2艘潜艇又发射236枚"战斧"巡航导弹，都准确命中了目标。

巡航导弹，已经成为美国"外科手术式"袭击的"撒手锏"。巡航导弹在海湾战争中的成功应用，是导弹史上具有划时代意义的重要里程碑，充分展现了精确制导常规武器的巨大作用和潜力。

美国空军机载对地攻击导弹"斯拉姆"可以算得上"外科手术专家"了。

"斯拉姆"导弹集许多先进技术为一身，是美军很有代表性、有影响的导弹。"斯拉姆"导弹是防区外发射的对陆攻击导弹，由"空射捕鲸叉导弹"发展而来。

1991年1月18日，即海湾战争爆发后的第2天，一架载有"斯拉姆"空地导弹的美国海军A—6E"入侵者"舰载重型攻击机和一架A—7"海盗"舰载轻型攻击机从部署在红海的"肯尼迪"号航空母舰上起飞，飞越沙特阿拉伯领空，直逼伊拉克境内。这2架飞机的主要任务是炸毁伊拉克幼发拉底河上的一个战略目标——水力发电厂的主要控制设备，瘫痪其整个发电能力。幼发拉底河是中东的一条国际河流，在"水贵于油"的海湾地区，保护水源比生命更重要，而美国视为眼中钉的水力发电站又非除掉不可。这个艰巨任务就交给了"斯拉姆"导弹。在距离水电站100千米的空域，A—6E飞机，首先发射

◎飞行中的"斯拉姆"导弹

了第一枚"斯拉姆"导弹，由A—7E飞机伴航控制，导弹准确击中目标，把坚固的厂房炸开了一个直径10米的大洞。2分钟后，A—6E向目标发射的第二枚"斯拉姆"导弹，仍由A—7E飞机伴航控制飞行，这枚来自百千米外的导弹，居然不偏不倚，从第一枚导弹炸开的洞口穿入厂房内部，将正在工作的电站彻底摧毁。"斯拉姆"空地导弹的成功运用，充分说明最新一代空地导弹已具备高精确打击点目标的能力。

知识链接：

　　巡航导弹是依靠喷气发动机的推力和弹翼的气动升力，主要以巡航状态在大气层内飞行的一种导弹，曾被称为飞航式导弹。它的飞行速度比较慢，飞行高度比较低，因此容易被击落。巡航导弹可以从地面、水面或水下发射，攻击地面、水面的固定目标或移动目标。巡航导弹具有体积小、重量轻等特点便于各种平台携载。但由于飞行时间长、速度低，飞行高度又恰好在轻武器火力网之内，所以很易遭枪弹等非制导常规兵器的拦击。海湾战争中有3枚"战斧"导弹就是这样被击毁的。

导弹兵侦察打击一体化

导弹武器的一个重要特点是侦察和攻击职能融为一体。利用地面预警系统与侦察卫星等各种手段详细收集敌方的军事情报，通过具体的分析和研究，作出远比以往更准确的估计和判断。美国的E—3空中预警指挥机是当今世界上性能最好的预警指挥机，它能监视360度方位，探测距离达到400至600千米，能同时探测显示600个空中目标，跟踪200个目标，引导指挥近100架飞机作战。部署在各个有利位置的战略导弹武器的火力系统与这些侦察情报系统紧密相连，超越距离和空间的制约，对重要军事战略目标实施一体化攻击。

战役、战术导弹武器则更能集实时发挥作用的侦察、指挥和毁伤于一体，自寻的、"发射后不用管"，使侦察打击实时化、一体化。如美军现有信息技术和精确打击方面的优势，使其目标捕捉系统可有效地侦察几百千米内的目标，30秒钟内同时向3000个作战平台传递信息，使其装备的各类火炮与导弹能有效地打击几十千米至上千千米内的目标。

近几场局部战争中，装备各类精确制导武器的航空兵采用了"迷盲—压制""侦察—摧毁"战术，贯穿于空袭始终。"迷盲—压制"战术的实质是航空兵在实施密集突击时，首先以反辐射导弹突击敌方防空系统的雷达，而后再以空地导弹和制导航空炸弹摧毁敌方最重要的目标，在压制了敌方防空力量的抵抗后，大规模出动突击

◎美国的E—3 空中预警指挥机

队，以普通炸弹实施"地毯式"攻击。据战场统计资料分析，这种远距离攻击与近距离轰炸相结合的战法效果最佳，已被各国空军广泛采用。"侦察—摧毁"战术的实质是侦察并定位目标是精确制导武器能否充分发挥作战效能的至关重要前提。如美国的GBU—15制导炸弹，射程100千米，装有电视制导系统，采用直接和间接两种制导方法。直接制导时，飞行员目视发现目标控制航空炸弹跟踪系统跟踪目标直到投弹时为止。间接制导时，携带炸弹的飞机不进入目标的防空区，而是准确地进入指定的瞄准点投弹，炸弹在坠落的弹道上自行捕捉目标。

军事科技的发展为侦察打击一体化的实现奠定了基础。一是情报侦察技术的发展。微电子技术、计算机技术、航天技术、空间技术及各种探测技术的广泛应用，使情报侦察有了突破性的发展，现代情报侦察系统，可以全空间、全方位、全天候、多手段实施侦察，可以精确提供目标的方位、形状，提高目标摧毁率；可以判断目标的性质、威胁程度、区分敌友；可以用多媒体方式传递信息，实现图像、数据处理、传

◎导弹预警系统

输的高速化，为决策、打击提供准确的依据、更多的时间。二是精确制导技术的日臻成熟。从精确制导技术发展趋势看，未来将重点发展红外成像毫米波、合成孔径雷达、精确测位系统和地形景物匹配等先进的制导系统。如合成孔径雷达制导不仅有一般微波雷达所具有的全天候能力，而且有很高的分辨率，可以达到目标成像。此外，实现制导技术的人工智能化，使导弹武器能更加适应复杂的战场环境，在短时间内分清敌我目标，更加精确地攻击目标。目前有一种称为"图像理解"的人工智能技术，导弹上的计算机将探测器获得的图像与储存于数据库中已知的图像加以比较，就能知道所探目标的属性，不仅可以分清敌我，而且可以有选择地攻击目标。如美国已经在论证人工智能的"黄蜂"机载反坦克导弹，这种导弹能在距目标很远的飞机上发射，到目标上空能自动俯视战场，搜索、发现、识别敌坦克，然后各子弹头分散攻击不同的目标，并攻击其要害部位和薄弱环节。三是导弹武器装备的发展。主要表现在导弹武器精度、威力大幅度提高；导弹武器的机动速度快，自动化程度高，从接收指令、发射到命中目标时间缩短；导弹武器装备发展配套，实现高、中、低，远、中、近相结合，使侦察打击一体化系统的导弹武器装备种类全、数量多、质量精，可遂行各种作战任务。

◎DSP导弹预警卫星

导弹兵攻防对抗

　　对导弹的最佳防御就是反射另一枚导弹进行拦截，这就是反导导弹。海湾战争中，"爱国者"成功地拦截"飞毛腿"，开创了地空导弹击落弹道导弹的先例。导弹攻防对抗作为一种新的作战样式，登上战争历史舞台。

　　目前，世界上比较成功的拦截导弹，当属美国的PAC—3型"爱国者"反导系统、俄罗斯的S—300、S—400系列和以色列的"箭"2反导系统等。海湾战争中，伊拉克军队向以色列发射17次共38枚"飞毛腿"导弹，其中17枚被美国的PAC—2"爱国者"导弹拦截；向驻沙特的多国部队发射

◎美国"爱国者"防空导弹击中伊拉克"飞毛腿"导弹瞬间

17次62枚"飞毛腿"导弹,其中33枚被美国的PAC—2"爱国者"导弹拦截。十二年之后,"爱国者"与"飞毛腿"又一次交手。

拦截空中来袭导弹,是军事家们从导弹问世就有的梦想。美国和苏联起步相对较早。美国最早可以追溯到上个世纪80年代以前,美国首先开始了弹道导弹防御系统和开发和研制。弹道导弹防御系统是使用反导导弹拦截弹道导弹的武器系统。通常包括反导导弹,目标搜索、识别、跟踪系统,引导系统,指挥控制中心四大组成部分。反导系统在关键技术上一直没有实质性的突破,这给反导系统的研制造成很大阻

◎美国研制生产的"爱国者"—2型防空导弹

碍,美国在海湾战争后一直致力于研制和改进"爱国者"导弹防御系统,没有丝毫懈怠。伊拉克战争也因此成为反导系统最好的检验和试验基地。

◎美军"爱国者"—3型拦截导弹

◎从1993年美国恢复弹道导弹防御计划加速推进爱国者反导系统的研制

到2001年时，"爱国者"PAC—3型导弹在13次发射中12次成功，拦截了10枚靶弹中的9枚，在飞行测试项目中取得92%的成功率，成绩斐然。

2003年3月20日，伊拉克战争爆发。在美英巨大的空中攻势下，伊拉克强撑起自己孱弱的国家机器。从开战第一天起，伊军接二连三地向科威特美军基地发射导弹。尽管这些导弹并没有造成实质性的破坏，但是人们更多地在关注美军"爱国者"导弹对抗"飞毛腿"，能否再度展现军事发展成就，所以，伊拉克导弹发射成为世人眼里的亮点。

事实上，伊拉克经过海湾战争后的军事和经济制裁，国力和军力已十分薄弱，也只有仅存的几枚"飞毛腿"能在战争中发发言而已，不抓紧时机，说不定连发言的机会也许也没有了。所以开战后，北京时间3月20日14点，伊军便向科威特发射了第一枚导弹，但并没有打中目标；17点左右，伊军又向科威特发射了两枚导弹；此后，伊军接连向科威特的重要目标和科威特北部的阿里—萨勒姆美军空军基地发射了2枚导弹，"爱国者"导弹成功拦截了伊军的这两枚导弹，"爱国者"与"飞毛腿"在空中以高速撞击发出巨大的沉闷声响。在随后发射的导弹中，最具威胁的一枚要算是落到美军驻地大门外的一枚，这枚导弹把正准备集结进攻伊拉克的美海军陆战队第15远征小队的官兵们吓得魂飞魄散！

伊拉克战争时，"爱国者"第三代开始运用于战争，性能与第二代相比，已经得到大大改进。"爱国者"导弹拦截"飞毛腿"导弹，并指挥空中巡逻的F—16战斗机对"飞毛腿"发射阵地进行攻击，整个过程在2—3分钟即可完成。随着科学技术的发展，导弹拦截技术越来越成熟，也逐步露出其神秘的面纱。其实，任何技术一旦人类掌握了它，其本身也就不神秘了，比如说一枚地地战术弹道导弹，从伊拉克中部地区发射升空，很快就穿过大气层，进入攻击沙特阿拉伯首都利雅得的飞行弹道。导弹是靠燃料燃烧产生推

◎美国PAC—2"爱国者"导弹

力飞向目标的，而燃料燃烧使导弹发射后尾部喷出长长的火焰。6秒钟后，导弹尾焰就能被运行于300多千米高空地球静止轨道的美国DSP导弹预警卫星上的红外探测器侦察发现，并紧急报警。带有高灵敏度红外扫描器的红外望远镜开始跟踪"飞毛腿"导弹的喷焰，并实时将导弹的飞行轨迹和飞行速度、方向、弹道倾角及位置等向地面站传送。设在澳大利亚的美国空间指挥基地和设在本土的美国航空航天司令部同时接收到DSP导弹预警卫星发送的"飞毛腿"导弹弹道参数，经地面站计算之后，迅速将"飞毛腿"导弹的飞行弹道和弹着点发往沙特的"爱国者"导弹发射阵地。

"爱国者"导弹发射阵地指挥控制中心根据相控阵雷达所测得的数据，经与卫星提供的数据进行相关比较和精确计算后，将拦截"飞毛腿"的最佳飞行弹道预置为操纵程序，输入

◎美国战区导弹防御系统TMD

"爱国者"导弹的制导装置。指挥中心命令发射"爱国者"导弹，完成对"飞毛腿"导弹的拦截，最后来个空中开花，两枚导弹就会同归于尽。

在这次战争中，要算完全成功的拦截，10枚导弹中有两枚是完全成功地被拦截下来了。尽管算起来，"爱国者"导弹的拦截率并不算高，但不管如何，"爱国者"导弹在海湾战争和伊拉克战争中的表现，都证明导弹兵之间的攻防对抗已经走向实质性的一步。

◎俄A—135莫斯科战略反导系统发射系统

"爱国者"导弹是美国雷锡恩公司研制的先进地空导弹武器系统，1982年装备部队，从1985年开始，对"爱国者"系统进行了一系列改进，使之具备反战术弹道导弹的能力。经过第二次改进的"爱国者"(PAC—2)在海湾战争中成功地拦截了伊拉克发射的"飞毛腿"战术弹道导弹。"爱国者"PAC—2武器系统由导弹、5—8部四联装发射车、一辆多功能相控阵雷达车、一辆指挥控制车和电源车及天线车等组成，导弹的射程为15—20千米，射高8—10千米，是当今世界上先进的地空导弹武器系统之一。从1993年又开始第三次改进(PAC—3)，采用动能碰撞拦截的增程拦截弹，最大射程可达80千米，进一步提高反导能力，成为美国战区弹道导弹防御末段拦截武器。

第**九**章

核武器与战略导弹兵

　　战略导弹兵使用战略导弹武器遂行战略导弹突击任务。当今世界，战略导弹兵的规模和战斗力，已成为军事大国的重要标志，也是超级大国借以威胁与讹诈的手段，并常常作为推行霸权主义政策的后盾。其他国家为了求得实力的均衡，为了反威胁和反讹诈，也极力发展核武器，组建自己的战略导弹兵。

　　战略导弹兵的产生与发展始终与核武器的发展息息相关。导弹兵随核武器的产生而产生，随着核力量的发展而发展壮大，并成为统帅部直接掌握的"撒手铜"。

核幽灵横空出世

1945年7月16日早晨，美国洛斯阿拉莫斯核试验场上，一个巨大的钢架高耸入云，直指苍穹。在这座有十几层楼高的钢架顶端，安放着一个黑乎乎的大家伙，这便是人类历史上第一颗原子弹。

美国为战胜德、日，尤其是要先于德国研制成核武器，投入大量资金，集中了10多万精兵强将，使用一切手段包括高薪收买欧美一流物理学家、化学家；动用了许多紧缺的战略物资，甚至不惜将国库中的白银用来作铜的代用品，以制作分离铀同位素的电磁分离器。原子弹爆炸时间定在7月16日凌晨4点，可老天爷这时偏偏下起雨来，淅淅沥沥的雨越下越大，仿佛在为人类即将打开的潘多拉魔盒而哭泣。试验随后推迟为5点30分。随着时间一分一秒地接近起爆时刻，试验人员纷纷进入掩体，期待和想象着可能呈现出的非同寻常景象的到来。5点29分45秒，随着一声令下："点火"，操作员捺下按钮，接通了电路，接着便是一声炸雷般的巨响，空中猛地蹿起一道明亮的闪光，照亮了附近的山脉，一个巨大的火球从塔顶直向空中升腾，大地顷刻间浓烟滚滚，热浪汹涌。空中的火球直冲云霄，像一根火柱顶着烟云往上猛蹿，不一会儿，便在空中形成了一朵硕大的蘑菇云。钢塔被烧蚀成一堆废渣散落在塔脚周围，700米以内的沙漠表面被烧成玻璃体，绿色透明像翡翠一样。一位观看核试验的专家描述说："最初闪光是这样夺目，好像没有固定的形状，但是差不多过了半秒钟后，它看起来呈鲜艳的黄色，成为一个瓶底朝下的半球体，像一个升出一半的太阳，但约为太阳的两倍大，几乎顷刻间，这个光亮的火团开始膨胀升起，火焰的大旋涡在上升，迅速膨胀升高，突然从它的中心，好像冒出来一个比较细的光柱，并且升到相当大的高度，细光柱的顶端，好像蘑菇似地向外翻成厚厚的伞状，其颜色是光亮的，但带有幽灵般的淡蓝色，这一切都显得非常快，而且它的瞬息消失，给人一种

◎安放在美国洛斯阿拉莫斯核试验场钢塔顶端的世界上第一枚原子弹

失望的感觉，接踵而来的是一种恐惧的感觉。这事发生在20英里以外，刚如此明亮、如此迅速闪耀出来又消失的光亮，实际有几英里高，这个东西似乎这样近在眼前，但又给人以遥远的感觉。这时候我们观看到那灰烟长成越来越高的旋转的圆柱……"

历史上第一颗原子弹爆炸了，人类从此迈入核时代。

原子弹开创了人类兵器史上的新纪元，核武器成了一个国家军队强大的象征，它的诞生迅速给人类带来了亘古未有的变化和影响。

核袭日本

　　1945年5月8日德国投降。整个法西斯阵营只剩下日本负隅顽抗。然而，日本军国主义决不甘心灭亡，尽管太平洋战场上与美国的作战屡屡败阵。日本不断地扩充兵员，甚至招募在校学生入伍作战。并且已做好在中国领土和日本本土作最后的决战，妄图挽救失败的命运。

　　由于日军的顽强抵抗，美国要想登陆日本本土，也绝不是件轻而易举之事，还必须付出巨大的代价，最早也得到1945年底才有可能实现登陆的目标。而此时苏联从东线抽身并已开始积极备战日本。即将到手的胜利果实同别人分享，这绝不是美国人想要看到的。因此，美国极希望在最短的时间内迅速结束战争，达到独占日本的目的。为此，美军正在研究进攻日本的作战方案，按常规的办法在日本登陆，美国要付出50万人的代价。但如果原子弹果真像科学家预测的那样，具有巨大的威力的话，不愁日本人不投降。4月下旬，负责制定原子弹计划的陆军部长史汀生告诉新总统杜鲁门：原子弹很可能在8月份试制成功。5月31日，杜鲁门总统任命组成一个由史汀生为首，包括军政界首脑和科学家参加的临时委员会，专门研究对日本使用原子弹的问题。经过激烈争论，最后委员会决定，把原子弹投到日本国土上某一工业区或军事目标，势必对日本军界和日本国民造成巨大震慑，驱使其立即投降。

　　1945年7月16日5点30分，美国第一颗原子弹也是世界上第一颗原子弹，在新墨西哥州的沙漠地区阿拉莫斯多附近爆炸成功，其威力相当2万吨TNT当量。第二天，史汀生专程飞到波茨坦，向正在参加会议的美国总统杜鲁门详细汇报了试验情况，并汇报了使用原子弹的具体计划。此时，以美国陆军部长史汀生为首的临时委员会和参谋长联席会议认为，虽然日本败局已定，但其陆军在本土尚有200万—300万人，在中国还有同样数量的兵力，其空军尚存各型飞机6000—9000架，而且日本大本营正在积极准备"本土决战"，美军登陆日本将付出巨大的代价。如果美国使用原子弹迫使日本丧失抵抗意志，不待美军登陆就投降，则可避免50万美国人丧生。于是，史汀生与临时委员会一起向杜鲁门总统提出建议：尽快用原子弹轰炸日本具有军事和非军事双重性的目标。核突袭的第一次原子弹突袭以广岛为主要目标，小仓和长崎为预备目标；第二次以小仓为主要目标，长崎为预备目标。杜鲁门思量再三终于采纳了史汀生的建议，决定对日本进行核打击。

美国陆军航空兵特种飞行队第509混合大队，是美国组建用来执行核突击任务的一支部队，大队长是齐伯茨中校。齐伯茨1937年参加美陆军航空队，1942年7月参加欧洲作战，1943年2月回国试飞B—29重型轰炸机，共飞行了3000多个小时，是一名

◎美军B—29重型轰炸机

优秀的轰炸机驾驶员和指挥官。第509混合大队一直在偏僻的犹他州温多弗基地进行秘密训练。基地偏僻，气候条件很差，但第509混合大队待遇很丰厚。据说，只要在司令部发出的电报末尾加上暗号"银盘"两个字，就可以很快得到所需要的给养和器材，有时运输机从2000千米外给他们运来水果和鲜鱼。混合大队对人员选用也有优先权。如投弹手菲阿比少校、领航员温卡克上尉、机械师道真伯利、副驾驶路易斯、射手卡伦等都是齐伯茨亲自点名的优秀人才。

　　1945年4月底，齐伯茨率第509混合大队秘密飞离美国，在新的基地安营扎寨。基地位于太平洋马里亚纳群岛的提尼安岛，在众多秘密警察保护下戒备森严。使用原子弹作战，这可是人类战争史上的第一次，只能成功，不能失败。混合大队迅速展开了紧张的训练。首先进行一般性技术训练，从6月底开始进行战斗演习训练，此后使用普通炸弹对日本实施模拟突击。使飞行人员熟悉目标地区情况，提高轰炸战术水平，模拟训练投放原子弹的战术。同时通过频繁的在日本上空飞行，使日本人习惯B—29飞机小编队高空飞行，以麻痹日本，以便使用原子弹进行突然袭击。

◎1945年8月6日，美军B—29轰炸机将命名为"小男孩"的原子弹投向日本广岛，81%建筑物被毁，7万余人死亡，6万余人受伤

经过几个月的严格训练，他们的投弹命中率已大大提高。投弹手菲阿比能在万米高空目视瞄准，把模拟弹投在直径100米的预设区内。6月1日，杜鲁门下达对日本使用原子弹的指令。7月26日，美英中3国发表《波茨坦公告》，敦促日本投降。然而，日本军国主义执迷不悟，面临生死威胁，却浑然不知，仍在继续抵抗。

7月29日关岛第二十航空队司令部召开会议，战略空军司令官斯帕思下达核袭日本的命令。时间：1945年8月3日以后；方法：目视投掷；目标：广岛、小仓、新泻、长崎中的两个地方。美国的两颗原子弹，一颗是用铀作裂变材料，绰号为"小男孩"；另一颗是用钚作裂变材料，取名"胖子"，此时已安全运抵提尼安训练基地待命。

◎1945年曾在日本广岛投下世界第一颗用于实战的原子弹的美国飞行员保罗·齐伯茨2007年11月1日平静地走完了一生

"小男孩"首袭广岛

1945年8月6日，日本上演了人类历史上最惨烈的一幕。美军将一颗象征罗斯福总统的"小男孩"原子弹，投向广岛，致使7.1万人命赴黄泉， 6.8万人受伤，还有更多的人终身受辐射的伤害和在那段往事恐慌的阴影里生活。

1945年7月25日，美国当局下达了作战指令：8月3日以后，只要气象条件允许目视轰炸，第509大队即可开始对日本投掷第一颗原子弹。

8月1日，准备执行原子弹突袭任务的B—29机组人员进行了最后一次演习。8月2日，第20航空队司令特文宁中将下达作战指令，命令7架B—29型轰炸机组成突击队对广岛实施首次原子弹突袭。其中1架为载有原子弹的轰炸机，由大队长齐伯茨上校亲自驾驶；1架为装有精密测量仪的观测机，由中队长斯韦尼少校驾驶；1架装有高级照相机的侦察机，由马夸特上尉驾驶；3架担任直接气象侦察任务，提前抵达目标区上空。另外，还有1架B—29作为原子弹载机的预备队，留在硫磺岛机场待命，随时准备替换发生故障的飞机，还指定两架飞机在轰炸后进行效果检查。第20航空队负责担任海空援救任务。5日下午，原子弹完全准备就绪。技术人员把一小块铀固定在弹壳内，然后把这颗2.5吨重的"小男孩"放置在早已挖好的一条壕沟内，再打开机身腹部的舱门，把它升起牢牢地固定在舱内。

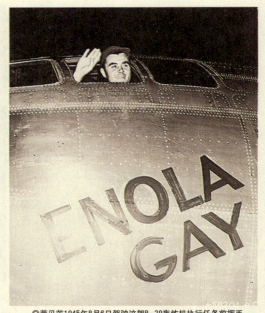

◎蒂贝茨1945年8月6日驾驶这架B—29轰炸机执行任务前挥手示意

8月6日凌晨，3架先遣气象侦察机提前1小时从提尼安基地升空，分别飞抵广岛、小仓、长崎上空。2点49分，蒂贝茨上校驾驶机头上写着他母亲的名字——"埃诺拉·盖伊"的82号起飞，斯韦尼少校和马夸特上尉驾机尾随其后。"埃诺拉·盖伊"号安全升空后，随机核武器专家帕森海军上校从座舱爬进弹舱，给外号"小男孩"的核弹安装"枪法"引爆装置，使它进入了战斗状态。飞机以每小时300千米的巡航速度，在无战斗机护航和严格无线电静默的情况下，于4点49分飞抵硫磺岛上空，当与担负照象和侦察任务的两架飞机会合后，他们成"V"形编队，爬升至10000米高空，以每小时525千米的航速，在晴朗的太平洋上空直飞日本国四岛。

上午7点09分，广岛地区日军第二军总司令部发出警报，美军侦察机迅速离去，7点半解除警报。这一天，广岛天气晴朗，市内车来人往，络绎不绝。蒂贝茨上校接到前方气象侦察机发回的电讯，广岛上空目标清楚，完全适于目视轰炸预定目标。他当机立断，实施原计划第一方案：轰炸广岛。

蒂贝茨驾驶美国B—29轰炸机于8点12分飞抵离目标约24千米预定投弹识别点，未遇炮火袭击，也没有敌机起飞拦截。他们俯瞰广岛，只见工厂上空清烟袅袅，水面上船舶滑动。就在这瞬间，他们找到了预定瞄准点——广岛市中心的"T"字形大桥。

"注意，戴上防护镜，各就各位，做好最后准备。"蒂贝茨提醒他的同伴。8点15分，他们抵达目标瞄准点上空。观测机上的测量操作手做好了测量准备，原子弹

◎日本广岛核爆炸现场影像

◎原子弹爆炸后留下许多无辜者的尸骨

载机上的投弹手向各机发出了30秒投弹准备信号，并打开了弹舱门。"小男孩"引爆保险被打开，系在降落伞上投出弹舱。此时，斯韦尼少校在蒂贝茨的右翼，间隔至多10米。他亲眼目睹"小男孩"跳舱的身影，心想："它自由了，像一只断了线的风筝，不管它工作与否，无法挽回了，如果工作正常，它可能将战争结束。"43秒钟后原子弹就要爆炸，蒂贝茨和他的同伴们做完一切后，赶紧调转机头，加速撤离现场。

空袭警报响起，但广岛居民好像没听见一样。美军飞机不断对日本国土进行轰炸，而广岛并未遭到多大破坏，人们对警报已习以为常了。市民很少有人进入防空洞进行隐蔽，他们继续干自己的事情，走自己的路，有的竟仰看飞机，全然不知即将发生的事，的确也没有征兆。

"小男孩"像一个幽灵，徐徐下降。43秒后，一声惊天动地的巨响，广岛上空出现了一个直径约100米的火球，令人眼花目眩的强烈白光，爆炸震耳欲聋，随后巨大的蘑菇烟云冲天而起，全市立即被这黑暗的烟云所淹没。距爆心3.2千米范围内的建筑物全部被毁。强烈的光芒使人双目失明，冲击波形成的狂风所到之处，把所有的东西都摧毁殆尽，化为焦热的火海，6.7万无辜群众丧生，整个广岛瞬间成了一片废墟。

几分钟后，"埃诺拉·盖伊"号从离原子弹爆炸24千米处，悄悄返航。马夸特上尉驾着侦察机等了一会儿，拍完了几个惊心动魄的镜头——世界军事史上第一次核战争的照片后，也返航了。归途中，核武器专家帕森海军上校向正在提尼安基地的"曼哈顿工程"副指挥官法雷尔准将发了一份密电："目视一清二楚，突袭圆满成功，投弹后机上情况正常，现正在向基地返航。"

蒂贝茨上校驾着"埃诺拉·盖伊"号，首先在提尼安基地北机场着陆。他带着全体机组人员走下飞机，向等候在这里的陆军战略空军司令斯帕茨上将行了个军礼："报告将军！我们完成任务回来了！"斯帕茨随即给他挂上"服役优异十字勋章"。

次日凌晨，即原子弹突袭16小时后，杜鲁门总统发表声明，警告日本政府，"这是原子弹"，并敦促日本政府无条件投降，否则将遭到"来自空中的毁灭"。美国武装部队电台马上对日广播，"原子弹已把广岛摧毁，更多的原子弹将接踵而来"，并向日本空投了数百万张传单向日本发出警告："美国最新研制成功的一颗原子弹的威力就相当于2000架B—29巨型轰炸机执行一次任务所携带炸药的威力"，"你们赶快结束战争"，否则"我们将坚决使用这种炸弹和所有其他超级武器来加速结束战争"。

"胖子"摧毁长崎

1945年8月9日，人类又一幕惨剧降临到那些无辜人们的头上。象征着丘吉尔的"胖子"原子弹被美军B—29远程轰炸机投放到长崎爆炸，数万人还没弄清是怎么回事，就被灼热的烈焰和巨大的冲击波夺去了生命，还有不计其数的人受到核爆炸复合伤。原子弹以毁灭性的打击彻底改变了人类战争的状态。

8月7日和8日，美国第21轰炸航空兵联队司令李梅将军先后追加了152架和375架B—29轰炸机，对日本城市发起更猛烈袭击，但日本政府仍无意投降。

为此，美国当局决定8月9日对日本实施第二次原子弹袭击，目标选定为长崎。此次任务由5架B—29轰炸机组成的突出队执行，密码代号为"16号特别轰炸任务"。斯韦尼少校驾驶载有原子弹的"博克斯卡"号轰炸机，机上增加3名核武器专家，负责原子弹引爆系统的安全保险工作；博克上尉驾驶"大技师"号观测机，《纽约时报》记者劳伦斯随机负责报道工作；霍普金斯中校驾驶"大斯廷克"号照相侦察机；88号飞机和95号飞机负责气象侦察任务。

"胖子"采用复杂的"内爆法"引爆系统，由气压、定时、雷达和冲击4个不同引信组成。这种引爆系统不能在空中安装，必须在执行任务之前，在地面的一个特殊的绝密车间里，由几个专家合作组装。这就意味着，斯韦尼少校的"博克斯卡"

号飞机必须载着安装好引爆系统的"活钚弹"上天，万一起飞时发生重大事故，提尼安岛就会变成美国的"广岛"从地球上被抹掉。

为确保万无一失，美军当局决定举行一次"胖子"模拟弹空投演习。8月8日9点左右，斯韦尼少校驾驶"博克斯卡"

◎日本长崎核爆炸受害者

号带着一颗水泥重配弹"南瓜"，从提尼安岛外海的2400米空中爬升到10000米高空。机上的投弹手模拟次日投掷"胖子"的程序，把"南瓜"从弹舱里弹了出去。"南瓜"按预定弹道落至600米高度，引信爆炸了。1个小时后，专家们一致评定，演习成功。美国当局决定按原计划行动。

8月9日，当地时间2点56分，斯韦尼少校驾机载着完全处于战备状态的"胖子"，从提尼安基地起飞，博克驾侦察机尾随其后。正当霍普金斯中校驾机滑向跑道时，他突然发现随机照相专家瑟贝博士没带降落伞，便勃然大怒："给我下飞机"。瑟贝博士下机后眼巴巴地望着"大斯廷克"号腾空而起。

10点50分，他们飞临长崎上空，发现这里的云量很浓，轰炸只能靠雷达。几分钟后，他们从西北方向进入投弹识别点。30秒钟的投弹信号响了，弹舱门"咯嗒"一声打开。就在20秒钟时，投弹手目光穿过云层裂隙，看到下面不是第一个轰炸目标——三菱重工业公司长崎造船厂，而是第二个轰炸目标——三菱重工业公司长崎兵器制造厂，便立即改用目视轰炸，于当地时间10点58分将"胖子"投出了舱外。弹舱门"咯嗒"一声锁上了，斯韦尼立即驾机飞离现场。"胖子"离开弹舱后，穿云直下，一分钟后在离地500米空中爆炸了，顿时形成了一个闪烁的火球。机上所有人员都看到了这个形如"胆囊"的火球悬在长崎上空，从"胆心"向上喷出沸腾的"胆汁"，形成一条巨大的彩虹。几分钟后，机上人员从20千米外看到一个擎天蘑菇烟云，吞没了整个长崎城。斯韦尼下令赶紧拍下这罕见的场景。

当长崎蘑菇烟云以惊人的速度从7000米升到14000米高空时，斯韦尼上校向提尼安基地发出报告："袭击长崎，效果良好"。返航途中，由于与提尼安基地失去通讯联系，加之飞机燃料不足，斯韦尼驾机在冲绳美军机场紧急着陆。

按照原来计划，美国第2颗原子弹准备投在小仓。可由于当时小仓的天气不好，携带"胖子"的"博克之车"飞机进入几次都没有发现目标，后来决定轰炸长崎。

长崎地处山谷，当天又没有风，结果使长崎一块长3680米、宽3040米的地区房屋全部被毁，当天死亡13298人。这次长崎所受到原子弹的破坏，总的来说比广岛要轻些。据说原子弹爆炸的巨大气浪不仅摧毁了地面的建筑物，也使逃离的"埃诺拉·盖伊"号飞机受到冲击，剧烈的抖动把舱内忘了系安全带的乘员掀出了座椅，机尾的射击手卡伦吓得大叫。齐伯茨觉得飞机好像被高射炮击中了似的。返航途中，齐伯茨让比扎把大家的感受用录音机录下来。目睹爆炸全过程的卡伦说他"看到了地狱的样子"。斯泰布里库说："战争就此结束了！"路易斯却流露出一种悔恨情绪说："哎呀，我们都干了些啥呀！"

美国原子弹突袭广岛和长崎造成了巨大的毁伤。广岛市区80%的建筑化为灰烬，64000人丧生，72000人受伤，伤亡总人数占全市总人口的53%。长崎市60%的建筑物被摧毁，伤亡86000人，占全市总人口的37%。它的令人恐惧的强大破坏力对日本全国上下产生了巨大的精神威慑。

1945年8月15日上午，在长崎遭受原子弹轰炸的第6天，日本天皇通过广播向全世界宣布投降诏书，9月2日，日本投降仪式在美国军舰"密苏里"号上正式举行。至此，第二次世界大战降下帷幕。但"小男孩"和"胖子"的袭击给广岛和长崎人民带来的灾难和精神上的创伤，远远没有完结，它在全世界爱好和平的人民心中留下的影响却难以磨灭。

加勒比海导弹兵对抗

1962年的古巴导弹危机，把人类第一次推向核战争的边缘。

古巴与美国宿怨由来已久，尤其是作为中美洲的社会主义国家，古巴与美国在地理位置上近在咫尺，这在当年社会主义与资本主义制度根本对立的年代，美国视其为眼中钉，肉中刺。美国千方百计地想搞垮这个国家。不但在外交和经济上全面封锁制裁古巴，并影响其他美洲国家共同孤立排斥古巴，禁止美洲国家和本国商人同古巴进行贸易往来。古巴政府应对美国的多重压力，争取到了社会主义国家前苏联的支援，并在军事上加强了同前苏联的合作，来借助这位盟友强大的军事实力。前苏联以"保卫古巴"为名，从1962年7月下半月开始，把进攻性导弹源源不断秘密地运进古巴，目的是提供对西半球的核攻击能力，以加强对美国的核

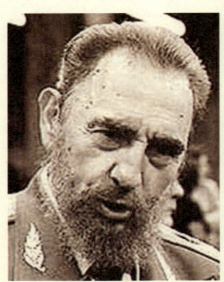
◎古巴领导人卡斯特罗

◎古巴导弹危机中，美国U—2飞机拍摄到的苏联向古巴运送导弹的船只

威慑力量。

　　1962年10月，美军的U—2高空侦察机，在例行对古巴的空中侦察时，发现前苏联在古巴部署了进攻性导弹和运载核武器的伊尔—28重型轰炸机基地。肯尼迪政府得知此事后，大为震惊，随即作出了强烈反应。

　　古巴距美国九十英里，前苏联把导弹部署在古巴，无疑大大缩短了对美国的打击距离，使得美国南部许多地区，尤其是佛罗里达州，完全暴露在其打击范围之内。美国人认为这是对美国安全的一种不能容忍的极限挑衅。美国政府一方面要求前苏联从古巴撤走导弹，一方面迅速动用了40艘舰艇和两万名海军战斗人员对古巴实施封锁，美国在全球的军队也立即进入紧急状态。

◎古巴导弹危机中，美国U—2飞机拍摄到的古巴境内的一处导弹发射阵地

前苏联在外交上和军事行动上采取强硬态度，命令部队进入戒备，并派出4艘装有新式核鱼雷的潜艇前往加勒比海域。这4艘潜艇虽是使用常规动力，但艇内装有新式的核鱼雷，这种核鱼雷足以使美军一支小型舰队顷刻间化为乌有。

美国努力寻求解决危机最可行的办法，同时继续加强军事威慑，来增加政治解决危机的筹码，一时间近200艘驱逐舰、护卫舰等舰只游弋在加勒比海一带，对古巴实施海上封锁，检查来往船只，阻止前苏联船只继续向古巴运送武器装备；美国空军在佛罗里达州空军基地的几百架轰炸机、战斗机、攻击机随时候命；10万陆军在美国南部集结，等待进攻古巴的命令。

于是，双方一枚枚核导弹昂首挺立，一艘艘核潜艇进入攻击位置，一架架核轰炸机在机场整装待命……一场核战争已经悬于千钧一发之际。是赫鲁晓夫撤回船只，还是肯尼迪首先开火？核威慑条件下的战争充满了更多难以捉摸的悬念，世界在恐惧中等待着。美国智囊团考虑了许多意想不到的事情，有多少导弹能击中美国，有多少导弹能击中前苏联，交换比率有多少。他们提出数学推论，X数量导弹将产生Y级别的恐惧，这足以对敌人产生威慑。他们计算出敌人发动突然袭击的可能性，这种可能性会大大增加导弹使用的几率，并且计算出需要多少导弹才能阻止这种突然袭击。

一场核战争迫在眉睫

此后在两个月的时间里，美苏首脑进行了多次交锋。谨慎和克制的态度逐渐还是占了上风。因为双方都清楚，逐步升级并引起的战争，是一场核打击和核报复。每一方都具有可以完全摧毁对方的原子弹、氢弹、核轰炸机、洲际核导弹等核战武器，面临的后果都将是灾难性的，核战争最终是一场没有胜利者的战争。

在此期间，双方的军事摩擦虽时有发生，但其目的也不单纯军事意义，某种意义上说也是为解决危机增加各自的筹码，以使解决的方向朝向预期的目标发展。一次，一艘前苏联潜艇误入美军舰队作战序列，双方都十分警觉并进入作战状态，但美军舰并不急于发起攻击，而是开始向潜艇发信号，进行警告。前苏联潜艇艇长头脑也十分冷静，没有实施攻击。双方经过一段时间的对峙，美舰同意让前苏联潜艇下潜而离开。当初前苏联派出四艘潜艇前往加勒比海域，显现了核威慑条件下的特殊作战形式，也体现出了前苏联军事家们冷静的军事智慧。因为潜艇有一定的隐蔽和神秘性，既能起到威慑效果，同时，不派更多的作战力量，实质上是在军事和外交上留有余地，给事态发展以更多的回旋空间。

美苏就这样大动作没有，小动作不断地一直

肯尼迪总统沉着应对古巴导弹危机

对抗到10月30日。1962年12月6日，古巴导弹危机终告结束。双方都做出了让步，美国决定取消对古巴的海上封锁，并保证不对古巴进行军事人侵；前苏联则同意拆除在古巴的导弹设施，从1962年11月8日—11日，前苏联从古巴运走了42枚导弹，并在公海上接受美国"船靠船的观察"。

一场令世人揪心的导弹危机，就这样在双方理智的选择中平息下来了。

知识链接：

战略导弹通常携带着大规模杀伤性武器，以其强大的威慑力量使敌人不敢首先发起进攻。战略导弹作战区域很大，可从一个国家打到另一个国家，也可以从一个洲打到另一个洲，我们称它为洲际导弹。战略导弹飞行速度快，最大飞行速度可达每秒7千米以上，相当于20倍音速，袭击远距离目标所需飞行时间短。如SS-14中程导弹，袭击1400千米以上的目标，只需14分钟；战略导弹机动性强，可以在基地发射，也可机动发射；战略导弹威力大，它携带核弹头可以摧毁一个城市甚至一个国家。

第十章

战略导弹兵——大国"撒手锏"

　　战略导弹兵装备战略导弹武器系统，遂行战略核突击任务。战略导弹兵是重量级的打击者，可以在本国对另一个国家实施作战，也可以从一个洲发射导弹打击另一个洲，所以，战略导弹兵使用的武器称为洲际导弹武器。战略导弹，射程通常在1000公里以上，携带核弹头，主要用于打击敌方政治经济中心、军事和工业基地、核武器库、交通枢纽以及拦截对方来袭的战略弹道导弹等重要目标。所以，战略导弹兵是拥有核武器国家的军事实力的重要组成部分，平时起核威慑作用，通常包括陆基战略导弹兵、战略核潜艇导弹兵和战略航空导弹兵。目前，美国、俄罗斯、英国、法国、中国、印度和巴基斯坦均拥有战略导弹兵，其中以美俄两国的战略导弹力量最为庞大。

　　战略核导弹从第一次发射成功至今，已走过了30多年的历程。其间，由于超级大国间激烈的军备竞赛，使战略导弹不仅数量迅速增加，而且质量大为提高，其生存能力、突防能力都相当高。所以战略导弹兵是有核国家军事力量的支柱，是空间力量的重要组成部分，战略导弹兵的规模和作战能力直接关系国家政治和军事斗争的全局，对战争和世界安全有极大影响，所以其使用权通常由国家最高当局严格掌握。

美国战略导弹兵

◎美国宇宙神导弹

美国战略导弹兵属于陆基、海基和空基三位一体的导弹部队，主要由其陆基洲际导弹部队组成。1956年，美国国防部决定：射程大于320千米的导弹均由空军负责管理。因此，美国的战略导弹兵隶属战略空军编制体系。战略空军司令部设在美国中部的内布拉斯加州奥马哈附近的奥弗特空军基地。由于美国的指挥体制是作战与行政管理分离的体制，所以，战略空军司令部在行政上属空军管辖，在作战上则通过参谋长联席会议，直接隶属于美国总统，按总统的指令执行各种战略作战任务。1960年8月30日，战略空军司令部正式接收了第一个"宇宙神"战略导弹部队。

美国的战略导弹兵均部署在美国本土。美国战略导弹部队的最大建制单位是战略导弹联队，每一个导弹联队就是一个导弹基地，导弹联队是战略导弹兵的基本作战单位，下辖2—4个洲际导弹中队，中队下设5个小队，小队为基本火力单位。每个联队约有2000人，通常拥有150到200个发射井，分布面积达数万平方千米。

60年代以后，美军战略导弹兵先后拥有过"大力神—1"、"大力神—2"、"民兵"系列导弹和"和平卫士"导弹。"大力神1"导弹是美国战略导弹兵部队的两级液体洲际弹道导弹，用来攻击敌方的地面战略目标。1962年4月装备部队。"大力神—2"是"大力神—1"的改进型号。"民兵"系列导弹有多种型号。其中，"民兵Ⅰ"是美国战略导弹部队装备的三级固体洲际弹道导弹，是美国的第二代战略弹道导弹。1962年开始装备部队，射程8000千米，命中精度为圆概率偏差1.8千米。"和平卫士"导弹是美国第四代战略导弹，弹长21.6米，弹径2.34米，核弹头500万吨TNT当量，最大射程12800千米，命中精度90米。由于采用新技术、新材料，其作战性能较以前的型号大

◎美国第二代固体导弹"大力神"—2型

◎美军"三叉戟"战略导弹

◎美军装备的"和平卫士"导弹正在发射

◎美国"和平卫士"导弹

大提高，是美国最先进的战略导弹之一，它具有投掷重量大、反应速度快、精度高、可用多种方式进行发射的特点。

2005年9月19日撤除MX"和平卫士"洲际弹道导弹10枚，目前美国的陆基战略核力量只有"民兵Ⅲ"陆基洲际导弹500枚，每一枚可携带3个核弹头，或2—3枚分导式多弹头，弹长18.26米，弹径1.6米，命中精度185—450米，射程达13000千米。

"民兵Ⅲ"导弹是美国波音公司研制的美国第一种分导式多弹头固体洲际弹道导弹，是美国的第三代洲际弹道导弹。该导弹对目标选择更灵活，命中精度高，并具有较强的生存能力和空防能力。

美国海基核导弹技术先进、戒备率高、可靠性好，对俄罗斯具有绝对优势。弹头数、面目标摧毁能力分别是俄的3.12倍和2.51倍，而潜射导弹摧毁硬目标的能力是俄的26倍。目前美国的海基核导弹以"三叉戟"C-4/C—5为主，装备俄亥俄级潜艇，"三叉戟"携带8枚分导式弹头，可以在30分钟内从美国奔到莫斯科，一艘潜艇上携载的24枚"三叉戟"导弹可以使100万人的城市顷刻之间灰飞烟灭，目前美国的"俄亥俄"级战略核潜艇的"三叉戟"导弹仍然保持着10分钟内就可以发射的状态。美国从50年代中期开始发展潜地弹道导弹，1961年在"乔治·华盛顿"号核动力潜艇上首次水下发射成功。先后研制出"北极星"A1、A2、A3、"海神"(C3)、"三叉戟"—Ⅰ和"三叉戟"—Ⅱ六种型号潜地导弹，分别于1960年、1962年、1971年、1979年和1990年装备潜艇。

美国的空基战略导弹武器，主要由B—2和B—52远程战略轰炸机携带(巡航导弹ACM/W80—1和空射巡航导弹ALCM/W80—1)，共有弹头1660枚。美战略轰炸机已实现隐形化和全球到达，拥有可携带核弹头的先进的巡航导弹。

美国战略导弹兵部队建设大力推进核武器信息化、小型化、特种化的进程，提高实战性。美军在日本首先使用核武器时的空军部队，虽然称不上是导弹部队，但美国战略导弹兵编制从一开始就列入了空军编制，这为导弹的实战化总结了不少经验。从多次美国导弹兵进行重大演习和核试验的情况来看，美军都从实战化的角度来进行组织和论证导弹作战的有关内容。1954年3月1日，美国试验第一枚氢弹，TNT当量600万吨，是1945年摧毁日本广岛的原子弹的500倍。选择太平洋比基尼珊瑚礁，结果氢弹爆炸使航行在公海上的日本渔船"福龙丸第5号"的23名船员受害。

◎美军B—52战略轰炸机

1997年美国战略导弹兵开始装备B61—11型低当量核钻地炸弹。该弹能钻地约6米，当量从少于1000吨到几十万吨可调。2003年美拨款1500万美元进行"坚实核钻地弹"可行性研究，谋求进一步提高钻地深度，缩小当量，减少放射性沉降。向实战化迈进了实质性的一大步。

◎1954年3月1日，美国一颗预测为600万吨TNT当量的氢弹在马绍尔群岛试爆成功

美军战略导弹兵的作战原则，强调攻防一体。也就是强调首先使用核武器进行先发制人的同时，非常注重对核袭击的积极防御。从星球大战计划到弹道导弹防御计划，就是这一作战原则的最好诠注。

◎美军B—2隐形轰炸机

俄罗斯的战略导弹兵

俄罗斯和前苏联是将战略导弹兵作为一个独立军种的国家。

1949年8月29日苏联第一颗原子弹爆炸成功。1960年1月14日，苏联战略火箭军成立，主要装备地地中程和洲际导弹，是目前俄罗斯核力量的主力。

1992年8月 俄罗斯组建航天部队，隶属国防部。

1997年7月 将航天部队与战略火箭部队、导弹防御部队合并成一个全新的战略导弹部队统称为战略火箭军。

2001年7月 将原隶属于战略火箭军的军事航天力量和导弹空间防御部队合并组建航天兵，归属总参谋部直接指挥。

俄罗斯战略火箭军编有4个火箭集团军，另有若干独立火箭军与火箭师。火箭集团军下辖若干火箭师，每个师辖有5—12团。每个团编有4—10个发射井和一个指挥控制中心，火箭师的兵力约7000人，团的作战兵力约为250—400人。

目前，俄罗斯战略导弹部队装备有752枚洲际导弹，3546枚核弹头。其中第四代SS—18导弹180枚，弹头1800枚。SS—18型号导弹北约称为"撒旦"，射程可达16000千米，能攻击地球上任何区域的目标，是两级液体燃料惯性制导的重型洲际弹道导弹，从1979年开始装备部队执行作战任务，共发展了6种型号。早期I型、II型、III型的SS—18导弹携带1800万—2500万吨当量的单弹头，在1983—1984年间被携带10个分导式多弹头的SS—18 IV型导弹取代。SS—18 IV型导弹从1980年开始部署，到1984年俄罗斯共有308枚SS—18IV型导弹。1988年之后，SS—18IV型导弹部分被SS—18V型导弹代替。俄罗斯境内共有三个SS—18导弹师，分别位于栋巴罗夫斯基、卡尔塔雷和乌茹尔。

俄罗斯战略导弹部队装备SS—19型号导弹150枚，弹头900枚；第五代SS—24有46枚，弹头460枚；SS—25有360枚，弹头360枚；SS—27（"白杨"—M）26枚，弹头26枚。俄罗斯三位一体战略核力量共部署5 922枚核弹头。

2004年俄罗斯已经组建了新型号的"白杨—M"（SS—27）洲际弹道导弹团，这种导弹将是未来战略火箭军的唯一核导弹。它说明，俄罗斯战略火箭军的导弹武器在朝着提高生存能力、提高打击硬目标能力和突防能力、缩短反应时间的方向发展。

俄最新型白杨——M战略导弹可装10个分导弹头

法英两国的战略导弹兵

法国自戴高乐时期起开始执行独立的核威慑战略，经过数十年努力，法国于1960年成功爆炸了本国的第一颗原子弹，成为最早拥有核武器的国家之一，也是最早组建战略导弹部队的国家之一。1964年，法国开始组建第一个地地战略导弹中队，随后装备了S—1到S—4系列导弹。战略核力量由海空二位一体构成，以海基力量为主。法国的战略导弹兵隶属于战略空军，战略导弹弹头总数超过500枚。

◎英国海军"征服者号"核潜艇

法国积极推行"有限核威慑"战略。在对战略导弹兵的作战运用上，强调以战略导弹兵为后盾，以核威慑战略为基础，拒绝承担不首先使用核武器的义务，同时强调联合使用核力量与常规力量。

与美国有着"特殊关系"的英国由于受到了美国核保护伞的庇护，其核力量相对较弱，仅保留了海基核弹头。

英国于1952年月10日2日成功地爆炸了第一颗原子弹。并随后建立了一支较小的战略战略导弹部队，至今，英国核力量仍然是西方核国家中最少的一个。其战略核力量约有2000人。编为一个战略弹道导弹核潜艇中队，驻扎在克莱德基地。

英国1971年取消陆基洲际导弹部队建制，1998年4月，英国皇家空军的WE0177自由下落式战略核炸弹退役后，英国的核力量过渡到单一海基核力量上，战略核威慑全部由其3艘"前卫"级核潜艇和一艘"决心"级核潜艇承担。1艘"前卫"级核潜艇装备"三叉戟"D—5导弹16枚，每枚可携带12个独立的分弹头。1艘"决心"级核潜艇装备导弹16枚，每枚导弹携带4枚20万吨当量分导式核弹头。英国政府承诺，每艘核潜艇携带的弹头总数不超过96个。因此，英国的战略导弹兵实际上就是核潜艇部队。

◎英国"前卫"级核潜艇发射"三叉戟"导弹

◎英国"前卫"级核潜艇

中国的战略导弹兵

受防御性国防政策的指导，中国对发展核武器始终采取极为克制的态度，核武库的规模仅保持在自卫所需的最低水平。

中国的战略导弹部队由近程、中程、远程和洲际导弹部队，以及作战保障部（分）队和技术保障和后勤保障分队组成。中国战略导弹兵可独立作战，也可协同其他军种实施联合作战，由中央军委直接领导，是抗击强敌的"撒手锏"力量。

1957年12月9日，中央军委决定，在距北京西南30千米的长辛店中央马列主义学院旧址建立中国第一个战略导弹培训中心。后来，长辛店炮兵教导大队改编成战略导弹第一营，这就是战略导弹部队的前身。

1960年11月5日，中国自行制造的东风—1号地地弹道导弹发射成功。1964年10月16日下午3点中国原子弹爆炸成功。

1966年7月1日，中国战略导弹部队正式成立。周总理亲自为这支部队命名为第二炮兵。1966年10月27日，中国首枚导弹核武器两弹结合发射成功。

1967年5月26日，中国人民解放军中程弹道导弹东风三号发射试验成功，动力装置为单级液体火箭发动机，1969年装备部队。

1967年6月17日上午8点20分，我国西部地区新疆罗布泊上空，中国第一颗氢弹爆炸试验获得完全的成功。

1970年1月30日东风四号两级地地中程导弹试射成功，1980年服役，该型号导弹

◎中国东风三号地地导弹

可以携带数百万吨当量核弹头，与美国的"宇宙神"和"大力神1"相似。

"东风－5号"导弹射程上万千米，1980年5月18日全程飞行成功，是中国研制的第一代液体型号的洲际弹道导弹。

上个世纪90年代后，中国装备了固体型号常规导弹和核导弹，第二炮兵具备了双重威慑和双重作战能力。

导弹武器向小型化、机动化迈出了实质性的步伐，东风三十一甲战略核导弹1999年8月2日试射成功，可以覆盖几乎除南北极的任何位置，成为继俄罗斯之后第二个拥有机动战略导弹的国家，是威慑和打击强敌的重要撒手锏武器。

◎中国第一颗氢弹爆炸

◎中国人民解放军固体短程地地战术导弹

◎中国人民解放军常规固体导弹

◎中国东风5号甲洲际弹道导弹

◎中国东风—31固体型号地地战略导弹

印度的战略导弹兵

　　印度在20世纪60年代中期正式开始实施核武器研制计划，并于1974年5月18日进行了首次地下核试验，1998年5月11日和13日又进行了5次地下核试验，使已有的核装置基本上实现了武器化，旨在建立一支陆、海、空“三位一体”核威慑力量。它的地对地弹道导弹已达到2200千米，并进行了4次成功发射。

　　印度战略导弹部队从1995年开始装备“普里特维”近程地地导弹。这种导弹的射程为150千米，有效载荷为500公斤。从2000年开始批量生产“烈火—1”型中程导弹。这种导弹的射程可达1400千米，有效载荷为1吨。1999年4月和2001年1月两次成功地进行了“烈火—2”型中程导弹试验，射程达到了2200千米，有效载荷为1吨，2002年装备部队。2002年进行试验发射了射程3500～5000千米的“烈火—3”型导弹。此外，开发了射程8000千米以上的“烈火—4”型（又称“苏里亚”）洲际导弹。

◎印度试射“烈火—1”导弹

◎印度"烈火—3"导弹

战略导弹兵的威慑地位

核威慑作用在高技术战争中有着强有力的"盾牌"效应。对一个拥有核战略导弹部队国家动武,任何国家都将持谨慎的态度。这标志着战略导弹部队建设是有利、有节地实施局部战争导弹战的根本保证。海湾战争中美国的战术核导弹,成功地制止了众多军事家所预言的伊拉克可能要用生化武器和粗制核武器来参战,使战争规模得到了有效控制。

战略导弹兵存在即威慑

凡有战略弹道导弹或大规模杀伤性战役战术导弹的国家,都十分强调其威慑作用。

由于战略弹道导弹具有远战突袭、快速反应以及毁灭性的杀伤效果,它的运用起到"造势"、"遏战"作用,通过配合政治和外交斗争,达到威慑和制约对方的战略目的,使敌方不敢轻易动武或者制止战争升级。冷战期间,苏联和美国都将威慑作为核力量运用的重要内容。苏联认为,"必须承认实际上存在威慑这样一个促进战略军事平衡的因素"。对苏联来说,威慑"反映了一种情况,在这情况下任何一方都无法对另一方犯下侵略行为而不受惩罚",即"在一个互相依存的世界里,一方的一种

◎俄罗斯恢复战略轰炸机例行战斗值班飞行

◎俄罗斯SS—18洲际弹道导弹

行动将导致另一方的对抗行为"。也就是说，在双方都有战略核武器情况下，其运用首先是威慑。

核实战是有效威慑的基础。因此在核力量运用战略中，各国非常重视核力量的发展和实战能力的提高。苏联除将保持摧毁对方50％的人口和经济实力的打击能力外，特别强调加强军事训练和保持高度战斗准备。苏联洲际弹道导弹的戒备率平时达到75％，这本身就是威慑运用的象征。冷战结束后，苏联已不复存在。继承苏联绝大部分战略核导弹的俄罗斯，仍然坚持威慑运用的原则。1993年11月2日，俄罗斯最高决策机构——安全会议通过了《俄罗斯联邦军事系统基本原则》，该原则规定核武器政策的目标是：通过遏制对俄罗斯联邦及其盟国发动侵略的企图，来消除核战争的危险。安全会议副秘书长马尼洛夫中将说，为了"防止局部战争升级为全面战争"，俄罗斯必须拥有核武器。

美国自1945年核武器问世到冷战结束，始终将战略导弹兵部队作为"三位一体"核威慑作战力量的支柱。弹道导弹运用首先以威慑苏联为主。冷战后，美国也没有改变重在威慑的原则，仍然确立了"先发制人"的军事战略和以攻为主、攻防兼顾的核威慑战略。美加强战略导弹兵建设，认定全球近1100个包括核、生、化设施在内的战略目标深藏地下，常规导弹部队的作战力量可望不可即，只有战略导弹兵能胜任这种作战任务。威慑的目标不仅对前苏联分裂出的部分国家，而且把重点转向第三世界国家。美国强调"由于全球性弹道导弹的扩散及运载核弹头的能力的发展，美国在设法遏制核冲突的同时，必须保持对任何水平的攻击做出恰当而有效的反应，即可以在使

◎一代枭雄萨达姆

用核武器的时机和规模上做出各种选择，能在最低冲突水平上恢复威慑态势"。尽管美俄的战略导弹的数量在逐步减少，但质量在改进。美国对第三世界中它们认为是敌性国家和潜在的核国家，形成了多层次、多方位的战略和威慑态势。

◎俄罗斯正在检修的战略轰炸机

法国和英国核武器运用一直以威慑为主。法国强调拥有足够的核力量，使之具有威慑作用，能够制止任何敢于进攻的敌人。海湾战争中，针对萨达姆声称使用化学武器的威胁，英国政府多次发出警告：只要伊拉克使用化学武器，英军就要用核武器进行报复。

◎俄罗斯恢复战略轰炸机例行战斗值班飞行

战略导弹兵作战行动服从国家战略

冷战时期，美国推行霸权政治和谋求全球利益的战略，决定了它的军事战略是先发制人。在导弹核武器的运用上就是要首先使用的原则，强调第一次突袭的有效性。苏联在80年代一直到解体前推行的"核战争两败俱伤"论，认为核战争不会有胜利者，力避核战争。反对"第一次打击"概念，所以1982年公开宣布"承担不首先使用核武器的任务"，在核力量运用方面，奉行威慑加实战的战略。首先通过保持能够有效摧毁对方或给对方以毁灭性核报复的核军备实力，遏制对方可能发动的核战争；一旦威慑失灵，则准备进行并打赢核战争。

◎美国核导弹发射按钮

冷战后，国际格局变化，各国都调整了各自的军事战略，所以战略核武器的运用也有些变化。例如，美国提出了"全球威慑、应急反应"的"地区防御战略"构想。这个战略的依据是冷战结束后影响美国安全环境的诸因素发生了变化，而其中的一个重要因素就是"由于军事技术革命引起的未来战争性质的变化"。美国认为，由于苏联和东欧集团的解体，在一个较长的时期内，美国将不存在发生全面大战的危险，但局部地区的冲突和弹道导弹等先进武器在发展中国家的不断扩散，则增大了美国在海外保护其利益时可能遇到的风险。在这种情况下，美国日益重视对局部战争的研究，把它提高到军事战略的突出位置。对付这种局部战争，美国将立足于发挥其技术上特别是高技术的优势，

◎中国第一颗原子弹爆炸成功

大量、密集地使用高技术常规兵器，置对方无还手之力，以较小的代价获得较大的战果。鉴于这种战略考虑，美国将改变以前那种"首次核打击"理论。

俄罗斯在1993年出版的《军事理论政治基础》一书中强调，俄罗斯联邦核武器政策的目的，是通过遏制对俄的侵略来消除核战争和使用核武器的危险。1993年宣布，对同有核国家结盟、对俄罗斯采取军事行动的非核国家，及同有核国家共同对俄罗斯采取行动的非核国家，俄罗斯将保留在一场冲突中首先使用核武器的可能，改变了原苏联1982年的"不首先使用"的承诺。这也是出于俄罗斯国家安全战略的考虑。因为它不像前苏联那样拥有在不使用核武器的情况下对付种种军事威胁的强大的军队和装备。

1964年10月16日中国爆炸了第一颗原子弹，并向全世界承诺：中国在任何时候，任何情况下，都不首先使用核武器，还承诺了对世界无核国家和地区不使用核武器。可见，在导弹核武器的使用时机上，各国依据自己的军事战略做出不同的选择，但都服从国家战略的需要。

战略导弹兵对世界安全造成威胁

美国拥有世界上最大的核武库，核实力排行老二的是俄罗斯。至2006年1月，美国用于实战核弹头仍有5735枚，其中包括5235枚战略核弹头和500枚战术核弹头，另有4225枚处于储存状态。俄罗斯目前也还拥有7200枚实战核弹头，其中包括3800枚战略核弹头，3400枚非战略核弹头。如果美俄两国导弹兵展开大规模对抗，不但彼此生存面临威胁，整个地球恐怕也足以毁灭若干次。

几十年来，印度、巴基斯坦、伊朗、朝鲜等国家，加快导弹兵实战能力，对核武器的不懈追求几乎达到走火入魔的程度。

巴基斯坦于1998年5月28日和30日，进行了两组6次核试验。在第一组试验后，巴政府声称准备给4月中旬试验成功的"高里"中程地地弹道导弹装上核弹头。据国外核专家估计，巴从1986年到1991年共生产157～263千克武器级铀。如按每枚铀弹需20千克计算，可供制造8～13枚核弹，1991年以后生产的铀可供制造13～25枚核弹。此外巴还在建立武器级钚生产能力，每年可分离出10～14千克钚，可供制造1～2枚核弹。有关资料估计，巴目前至少已拥有10枚核弹。

印度积极储备和发展核武器，目前已经建成了完整的核工业体系，并积极推进核武器实战化进程。从2001年开始，印军导弹兵在大型军事演习中都设置了核战争科目演练，模拟核反击作战，从而不仅使核武器装备到部队，而且将核反击列入训练内容，标志着印度核武器从威慑运用转入实战进程。使用核武器最明显的动机就是对付入侵。核国家遭到入侵当然会以使用核武器相威胁，或者最终使用核武器。但问题的另一面是，对拥有核武器国家进行作战，这个假设是否还会成立，遏制核战争爆发的力量与引发战争的力

◎美国核弹头保存在美国18个州和美国以外的6个国家的18个核弹头仓库

量谁又能占据上风呢?

印度和巴基斯坦两国在1998年竞相进行核试验后,印巴冲突便开始"以核相挟",战争一开始迅速升级,冲突规模不断扩大。双方在边境地区部署了导弹兵部队,携带核弹头的中短程导弹,形成了严峻的战略导弹兵的对峙态势。这期间,印度与巴基斯坦两个国家的导弹兵也都剑拔弩张,核战争几乎到了箭在弦上的地步。庆幸的是一触即发的局面得到缓解,没有继续发展和扩大。

对于有核国家来说,

◎俄罗斯SS—24洲际导弹携带的核弹头

◎俄罗斯核武器博物馆

◎巴基斯坦能载核弹头的"高里"弹道导弹

总是把战略导弹兵作为战争的预备队，或者说核威慑条件下的战争形态，战略导弹兵是未来军事对抗的主题。20世纪90年代以来的几场高技术战争，战略导弹兵都在摩拳擦掌。针对伊拉克可能拥有的核化武器，美英联军都强调不排除使用核武器打击伊拉克的可能，美国战略导弹兵甚至处于战备状态，并在海湾战争中准备了1000枚战术核弹头威胁伊拉克，如果伊拉克和南联盟有打核战争的条件，也许战略导弹兵之间的威慑会促使战争向和平的方向转变，战争也许就根本不会发生，也许导弹战会在激荡的军事和政治对抗中难以避免地发生。事实上，美国对伊拉克斩草除根式的外科"手术"，能充分说明美国对伊拉克核报复和大规模杀伤性武器的担心，也证明美国不但有实战能力也有真使用的决心。

中东军事强国以色列拥有核武器是不争的事实。经过几十年的研究和生产积累，目前以色列已经具备了"三位一体"的核打击能力。

在空基核力量方面，以色列已经拥有了能够携带核航弹的多种机型，包括F—4"鬼怪"战斗机、A—4"空中之鹰"攻击机、F—15"鹰"式战斗机、 F—16"战隼"

◎印巴冲突加剧双方核战略导弹的研制和发展竞争

◎俄美仍有上万核弹头

战斗机等。可能担负核作战任务的作战中队和基地包括：部署在内瓦提姆空军基地的第111、115和116中队，在内盖夫沙漠中拉蒙基地的第140和253中队，以色列北部拉马特—大卫基地的第109、110和117中队，以及在哈泽里姆空军基地的第101、105和144中队。

◎1987年12月8日，美、苏签署了《美苏关于销毁欧洲中程和中短程导弹条约》

在陆基核力量方面，以色列拥有的"贾里科"系列导弹为其主要的战略打击力量。"贾里科—1"型导弹的射程为480千米至650千米，可以打到大马士革、阿曼和开罗。"贾里科—2"型导弹射程达到1800千米。

在海基核力量方面，上世纪90年代中期，以色列从德国订购了3艘具有远程奔袭能力

◎以色列海军"海豚"级潜艇

的"海豚"级柴油动力潜艇。以色列已将这3艘潜艇核武化。以色列的核弹头被重新改装以适应美国提供的"鱼叉"导弹，并且在其导弹上安装了可沿海面巡航的制导系统。以色列在地中海拥有150英里的海岸线，两艘潜艇始终在海上值勤，一艘在红海或波斯湾内活动，一艘在地中海内活动，第三艘在母港内待命。这样至少有一艘潜艇可以在水中保持警戒，保证以色列在被攻击时即可采取报复措施。

乌克兰、哈萨克和白俄罗斯的核武器被认为是苏联的遗产，在某种程度上还处于俄罗斯的技术监控之下。作为核能利用大国的日本，其核技术研究位居世界先进行列，西方军事专家曾断言，如果需要，日本完全能够在一个月内制造出核武器。

2005年2月10日，朝鲜外务省发表声明，朝鲜已经拥有基于自卫目的的核力量，六方和谈前景不容乐观。伊朗更是宣称已进入能进行工业规模核燃料生产国家的行

列，核争端日渐升级。

据估计，目前世界上具备研制核武器潜力的国家数量已经超过40个，随着时间的推移，力图进入核俱乐部的国家的数字还会大大增加，防止核扩散面临着越来越严峻的形势。

只要有核武器存在，就少不了有危险。专家指出，冷战时期，特别是冷战后期局势的稳定，主要归功于双方所具备的在遭到第一轮核打击后，进行毁灭性核报复的能力。具备这种能力要花大价钱，需要更多的导弹、移动性导弹和核潜艇。如果新生的有核武器的国家为了确保遭受第一轮核打击之后，仍有核武器可供使用而进行投资，就会进一步增加邻国的恐怖感。如果不这样做，则本国的军人就会因为惧怕遭到敌国首轮核打击后丧失全部核武器而整天忧心忡忡。这种"不用则失"的焦虑无形中增加了危机中的不稳定因素。

在邻国获得可供实战的核武器之前，如果有机会对其尚未成熟的核武器设施实施核打击或常规武器攻击，从而把威胁消灭在萌芽状态，这时所爆发的危机将更加令人不安，因为你根本就没有想到核威慑的存在。如果情报有误，邻国已将核试验的成果投入实战，你将为此付出高昂的代价。

军事设施落后、部队纪律松散及缺乏训练等都极易导致意外事故。随着有核武器的国家数量的增加，军事设施及管理核武器的平均可靠度肯定会下降。冷战早期核弹就曾数次因意外事故而险些爆炸。如果真的发生核爆炸，有谁敢说这不是敌国所为，继而向敌国投掷核弹呢？